浙江省高职院校“十四五”重点立项建设教材

中国特色高水平高职专业群（导游）建设成果

新编21世纪高等职业教育精品教材 | 旅游大类

旅行社操作实务

Operation Practice of Travel Agency

边喜英　编著

中国人民大学出版社
·北京·

前言

PREFACE

在中国经济社会转型和国家长期发展战略转变的背景下，职业教育是与普通教育具有同等重要地位的教育类型，是国民教育体系和人力资源开发的重要组成部分，是培养多样化人才、传承技术技能、促进就业创业的重要途径。

教材作为教学的基本工具，是知识、技能、态度、经验的载体，是教学内容的物化形态。为了适应新时代职业教育的发展趋势，本教材在编写过程中注重以下原则：

第一，遵照“教、学、做”一体化的教学设计理念。本教材突出“做中学”的特点，根据旅行社业务运转流程划分为7个学习模块，以17个学习情境为导入，设计22个学习性工作任务，分离为若干个点状、有序的工作环节，辅以48个工作任务单，同时拍摄微课视频和提供行业标准、报纸文献等学习资料，搭建了全方位的学习框架，适用于学校和企业两种学习场所。

第二，基于工作过程设计“以学为主”的工作任务。本教材以培养学习者的职业能力和职业素养为目标，以工作逻辑组织教材内容，将典型的工作任务，经过教学化改造形成学习模块，进而确定每个学习模块的学习目标、实施步骤、相关知识、业务流程、工作任务单等内容，重视工作过程的体验，提倡学习者在工作场所的自主学习中建构知识和技能，培养对旅游业的热爱和责任感。

第三，将素养教育融入专业课堂，融合职业技能和职业精神教育。让学习者通过知识的运用、技能的掌握，牢固树立热爱家乡、热爱旅游的职业精神和敬业守信、精益求精的工匠精神。

本书以党的二十大精神为引领，全面贯彻党的教育方针，落实立德树人根本任务，推进习近平新时代中国特色社会主义思想进教材、进课堂、进头脑，力求成为培根铸魂、启智增慧、适应时代要求的精品教材。

在本教材编写过程中，我们得到了浙江省中国旅行社、浙江中青国际旅游有限公司、浙江捷程国际旅行社、浙江康泰国际旅行社等多家旅行社提供工作表单的支持；视频录制得到了浙江旅游职业学院的池静女士、浙江省中国旅行社集团有限公司的李青女士、杭州市中国旅行社集团有限公司的张娜女士、杭州众泰旅行社有限公司的陶园女士、浙江众信旅游有限公司的曹保有先生的支持；撰写过程中得到了义务工商职业技术学院傅琴琴女士的配合，在此一并表示感谢。同时还要感谢中国人民大学出版社的编辑们，在编写过程中不断分享新业态教材，给予我们多次帮助和支持。

本教材在编写过程中参阅了大量的研究资料，吸纳了一些专家的观点，在此向他们表示诚挚的感谢。由于编著者时间和水平有限，书中如有失当之处，请广大学界同仁及读者不吝指正。

编著者

2022 年 6 月

目录

CONTENTS

工作任务单索引

01

学习模块一

组建旅行社

- 工作任务1　认知旅行社
- 工作任务2　申请旅行社
- 工作任务3　设立旅行社
- 工作任务4　认知业务岗位

学习模块一

组建旅行社

学习目标

知识目标

1. 了解旅行社的分类
2. 知晓旅行社的经营范围和组织结构

技能目标

1. 能区分出境社、国内社的经营范围
2. 会申请新办旅行社

素养目标

1. 培养团队合作精神
2. 培养“旅游+”的理念，拥有创新旅游的意识，用辩证和发展的眼光看待旅游行业

思维导图

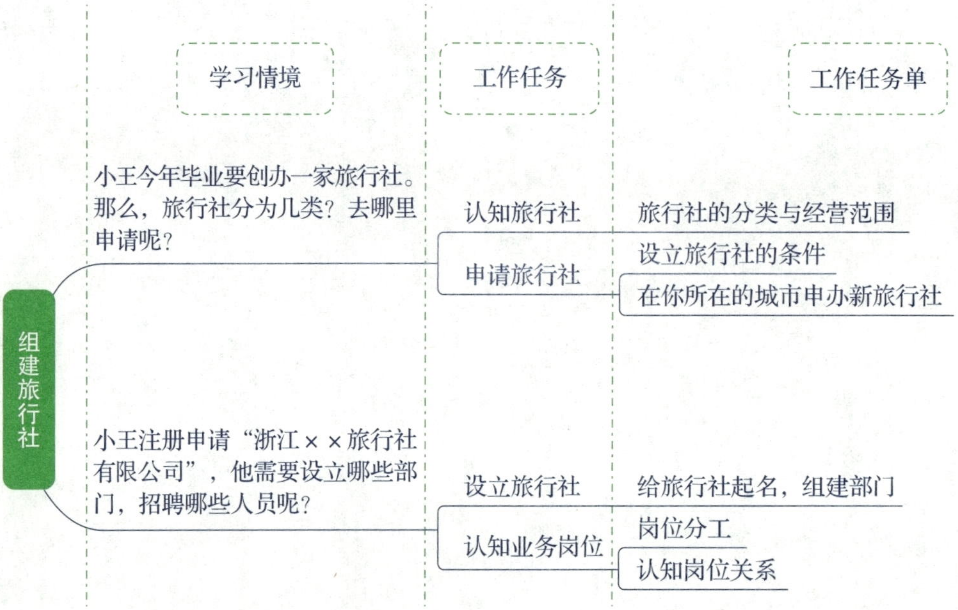

学习情境一

小王今年毕业要创办一家旅行社。那么，旅行社分为几类？去哪里申请呢？

工作任务 1

认知旅行社

学习过程

一、旅行社

根据我国《旅行社条例》，旅行社主要是指从事招徕、组织、接待旅游者等活动，为旅游者提供相关旅游服务，开展国内旅游业务、入境旅游业务或者出境旅游业务的企业法人。

微课：什么是旅行社？

二、现代旅行服务业

散客化带来的消费模式转变，使得游客需求越来越多元化，传统旅行社产品已经不能充分满足消费者的需求，旅行社的原有概念已经远远无法概括与描述这个正在迅速变化的行业。除了传统的食、住、行、游、购、娱外，可能还包括对当地医疗、生活体验等的需求，这促使旅游企业逐步由目的地管理向目的地服务转变，并围绕游客越来越多的碎片式异地生活需求提供服务，促使旅行社业务范围不断延伸，即围绕旅行者的一切异地化生活需求进行目的地碎片式服务的整合提供。

“旅行服务业”是指为空间移动的人们提供旅行过程中及目的地期间的单项或多项异地化生活服务的协助，其目的是使人们的出行更加便捷、出行服务更加有保障。涵盖的业务范围包括但不限于行前的信息咨询与整合、行程安排、票务预订、签证等的办理，目的地活动期间的食、住、行、游、购、娱，商务、休闲体验、医疗、移民置业等活动，以及行程结束后的信息分享等。

从行业属性来说，同传统的旅行社业一样，旅行服务业仍属于中介性、服务增值型产业，其作用是连接食、住、行、游、购、娱等旅游服务供应商和游客，主要目的是为人们的出行提供便捷的服务协助。从这个意义上来说，用旅行服务业的概念来替代旅行社业的概念更为恰当。

微课：旅行社的分类和经营范围

三、国内旅行社与出境旅行社

2009 年颁布的《旅行社条例》按照经营范围将旅行社分为国内社和出境社。国内社可经营国内旅游业务、入境旅游业务。出境社可经营国内旅游业务、入境旅游业务和出境旅游业务。

有些旅行社的名称为“××国际旅行社”，可能是出境社，也可能是经营入境业务的国内社，具体要看营业执照或许可证上的经营范围。

四、组团社与地接社

组团社是指与旅游者订立包价旅游合同的旅行社。

地接社是指接受组团社委托，在目的地接待旅游者的旅行社。

五、履行辅助人

履行辅助人是指与旅行社存在合同关系，协助其履行包价旅游合同义务，实际上提供相关服务的法人或者自然人。

六、旅行社行业分工体系

旅行社行业内形成了垂直分工（上下游业务分工）、水平分工（同一业务流程环节上的市场分工）和斜向分工（多元化的跨行业分工）的分工体系。

七、旅游经营商 / 旅游批发商

旅游经营商 / 旅游批发商是根据对市场需求的了解和预测，大批量订购旅游交通、旅游酒店、旅游目的地的旅行社、旅游景点等有关旅游企业的产品和服务，将这些单项产品和服务组合成不同的包价旅游线路产品，通过一定的销售渠道出售给旅游消费者、旅游零售商的企业。

八、旅游代理商 / 旅游零售商

旅游代理商 / 旅游零售商是销售旅游批发商的包价产品和各类单项委托服务的企业。

九、旅行社的基本功能

旅行社作为连接旅游供给和旅游需求的纽带，在旅游资源方、经营者和旅游者之间建立桥梁，整合旅游资源设计产品，向旅游产品单项经营者集中批发采购，分项或全包向旅游者提供专业服务，获得利润。作为旅游者，将分次购买的旅游服务集中向旅行社购买，减少时间成本和经济成本，享受专业服务。通过旅行社的采购和销售，将全世界的旅游经营者和旅游者联系起来。旅行社的功能图示如图 1－1 所示。

十、旅行社的经营范围

《中华人民共和国旅游法》第二十九条规定，旅行社可以经营境内旅游、出境旅游、边境旅游、入境旅游和其他旅游业务。所有旅行社均可经营境内业务和入境业务、其他业务，经营出境和边境旅游业务，应当取得相应的业务经营许可。

1. 境内旅游

境内旅游是指在中国境内（不含赴港、澳、台地区旅游及边境游）开展的旅游活动。

“境内”在中华人民共和国官方用语中特指除中华人民共和国拥有主权的香港特别行

政区、澳门特别行政区以及台湾地区之外的中华人民共和国领土。

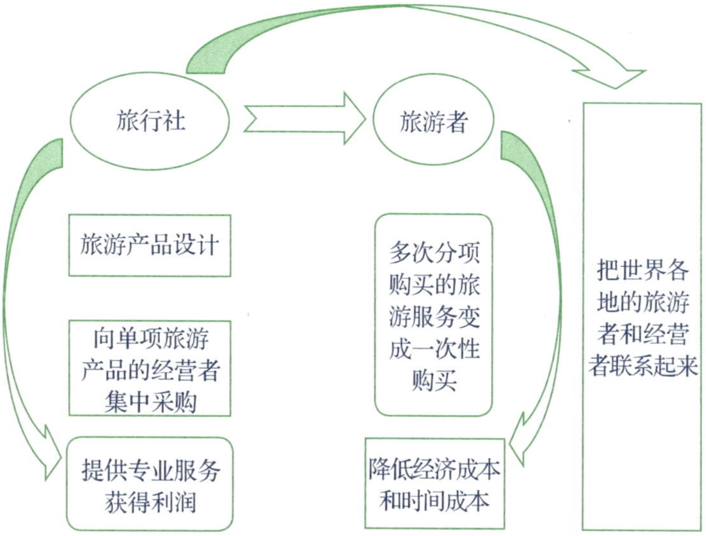

图 1－1　旅行社的功能

国内旅游者指任何以观光游览、度假、探亲访友、就医疗养、购物、参加会议或从事经济、文化、体育、宗教活动等为目的的居民，在自己定居的国家内，不论国籍如何，对某个目的地进行短暂访问，其出游目的不是通过所从事的活动谋取报酬。

2. 出境旅游

出境旅游是指旅行社招徕、组织、接待中国内地居民出国旅游，赴香港特别行政区、澳门特别行政区和台湾地区旅游，以及招徕、组织、接待在中国内地的外国人，在内地的香港特别行政区、澳门特别行政区居民和在大陆的台湾地区居民出境旅游的业务。

申请经营出境旅游业务的条件：《旅行社条例》第八条规定，旅行社取得经营许可满两年，且未因侵害旅游者合法权益受到行政机关罚款以上处罚的，可以申请经营出境旅游业务。《旅行社条例实施细则》做了进一步的细化规定，根据其相关规定，旅行社申请出境旅游业务，应当向国务院旅游行政主管部门提交原许可的旅游行政管理部门出具的，证明其经营旅行社业务满两年，且连续两年未因侵害旅游者合法权益受到行政机关罚款以上处罚的文件。旅行社取得出境旅游经营业务许可的，由国务院旅游行政主管部门换发旅行社业务经营许可证。旅行社持旅行社业务经营许可证向工商行政管理部门办理经营范围变更登记。国务院旅游行政主管部门可以委托省级旅游行政管理部门受理旅行社经营出境旅游业务的申请，并做出许可或者不予许可的决定。

旅行社申请经营赴台湾地区旅游业务的，适用《大陆居民赴台湾地区旅游管理办法》的规定。根据《大陆居民赴台湾地区旅游管理办法》的相关规定，经营大陆居民赴台旅游业务的旅行社，由国家旅游局会同有关部门，从已批准的特许经营出境旅游业务的旅行社范围内指定，由海峡两岸旅游交流协会公布。除被指定的旅行社外，任何单位和个人不得经营大陆居民赴台旅游业务。

3. 边境旅游

边境旅游是指经批准的旅行社组织和接待我国及毗邻国家的公民，集体从指定的边境口岸出入境，在双方政府商定的区域和期限内进行的旅游活动。

旅行社申请经营边境旅游业务适用《边境旅游暂行管理办法》的规定。根据《边境旅游暂行管理办法》的相关规定，申请开办边境旅游业务必须具备以下条件：（1）经国务院批准对外国人开放的边境市、县；（2）有国家正式批准对外开放的国家一、二类口岸，口岸联检设施基本齐全；（3）有旅游行政管理部门批准可接待外国旅游者的旅行社；（4）具备就近办理参游人员出入境证件的条件；（5）具备交通条件和接待设施；（6）同对方国家边境地区旅游部门签订了意向性协议。未经批准，任何单位和个人不得经营过境旅游业务或任意扩大边境旅游范围。对违反规定开展边境旅游业务的单位或个人，各级旅游行政主管部门应当会同有关部门给予罚款、追究有关负责人责任、勒令停业整顿、终止其边境旅游业务等处罚。

我国公民参加边境旅游适用于《边境旅游暂行管理办法》：

第九条　我国公民参加边境旅游的办法：

（一）除《中华人民共和国公民出境管理法》第八条规定的人员外，我国公民均可参加边境旅游。

（二）边境省、自治区公民参加本地区的边境旅游，应当向本地区有关承办旅行社申请，旅行社统一向公安机关出入境管理部门申办出境证件。

（三）非边境省、自治区的公民参加边境旅游，应当向其户口所在地授权经营出国旅游业务的一类旅行社申请，按规定向户口所在地公安机关出入境管理部门申办出境证件，并由边境地区有关旅行社统一办理出入境手续和安排境外旅游活动。

第十条　双方参游人员应持用本国有效护照或代替护照的有效国际旅行证件，或两国中央政府协议规定的有效证件。

4. 入境旅游

入境旅游是指旅行社招徕、组织、接待外国旅游者来我国旅游，香港特别行政区、澳门特别行政区旅游者来内地旅游，台湾地区居民来大陆旅游，以及招徕、组织、接待在中国内地的外国人，在内地的香港特别行政区、澳门特别行政区居民和在大陆的台湾地区居民在境内旅游的业务。

入境旅游者是指在一段时间内来我国境内观光、度假、探亲访友、就医疗养、购物、参加会议或从事经济、文化、体育、宗教活动的外国人、港澳台同胞等海外旅游者。

5. 其他旅游业务

其他旅游业务是指除境内旅游、出境旅游、边境旅游、入境旅游外的其他旅游业务。随着旅游市场的不断发展繁荣，旅游业务形式也在不断地发展变化中，规定“其他旅游业务”是为了给新旅游业务的发展留有空间。

拓展资料

中华人民共和国旅游法（2018修正）

GB/T 16766—2017 旅游业基础术语

工作任务单 1　查阅相关文件，阐述我国旅行社的分类与经营范围。

工作任务 2

申请旅行社

学习过程

一、《中华人民共和国旅游法》关于旅行社的部分相关条款

第二十八条 设立旅行社，招徕、组织、接待旅游者，为其提供旅游服务，应当具备下列条件，取得旅游主管部门的许可，依法办理工商登记：

（一）有固定的经营场所；

（二）有必要的营业设施；

（三）有符合规定的注册资本；

（四）有必要的经营管理人员和导游；

（五）法律、行政法规规定的其他条件。

第三十条 旅行社不得出租、出借旅行社业务经营许可证，或者以其他形式非法转让旅行社业务经营许可。

二、旅行社质量保证金

旅行社质量保证金是指由旅行社缴纳，旅游行政管理部门管理，用于保障旅游者权益的专用款项。

我国《旅行社条例》中对各类旅行社的注册资本做了明确的规定：

旅行社应当自取得旅行社业务经营许可证之日起 3 个工作日内，在国务院旅游行政主管部门指定的银行开设专门的质量保证金账户，存入质量保证金，或者向做出许可的旅游行政管理部门提交依法取得的担保额度不低于相应质量保证金数额的银行担保。

经营国内旅游业务和入境旅游业务的旅行社，应当存入质量保证金 20 万元；经营出境旅游业务的旅行社，应当增存质量保证金 120 万元。

旅行社每设立一个经营国内旅游业务和入境旅游业务的分社，应当向其质量保证金账户增存 5 万元；每设立一个经营出境旅游业务的分社，应当向其质量保证金账户增存 30 万元。

质量保证金的利息属于旅行社所有。

支付保证金金额的决定，由各级旅游行政管理部门在规定的职权范围内，根据有关法规、规章和程序做出。

拓展资料

微课：为什么选择旅行社出游？

微课：旅行社的申请流程

旅行社条例

工作任务单 2-1　设立旅行社需要具备哪些条件？

工作任务单 2-2 如何在你所在的城市申办新旅行社？

【参考资料】浙江申请旅行社可参照浙江政务服务网（https://www.zjzwfw.gov.cn/search/queryinfo/search.do），注意选择所在地。

学习情境二

小王注册申请“浙江 ×× 旅行社有限公司”，现准备招兵买马，组建公司团队，他需要设立哪些部门，招聘哪些人员呢？

工作任务 3

设立旅行社

学习过程

一、包价旅游

包价旅游是指旅行社预先安排行程，提供或者通过履行辅助人提供交通、住宿、餐饮、游览、导游或者领队等两项以上旅游服务，旅游者以总价支付旅游费用的产品。

全包价旅游是含房费、综合服务费、交通费以及专项附加费等的全部价格的包价旅游；小包价旅游是要求旅游者预付的费用仅包括房费、早餐费及旅行社的手续费，其他旅游费用在旅游过程中现付的旅游。

二、单项预订服务

旅行社根据旅游者的具体要求而提供的各种非综合性有偿服务，内容非常广泛，常规性服务项目主要包括导游服务、接送服务、代订票服务、代订酒店服务、代联系参观游览项目、代办签证、代办旅游保险等。

三、自由行

只向旅游者提供飞机票（或火车票）加上酒店预订等业务的产品，对于出境旅游者一般还包括签证送签服务。

四、团体旅游

通过旅行社和相关旅游服务中介机构，以旅游包价的形式，按照一定的旅游行程进行的、有组织的旅游活动。

五、散客旅游

由旅游者自行安排旅游活动行程，或通过旅游中介机构办理单项委托业务，零星支付旅游费用的旅游形式。

六、散客成团

介于团体旅游和散客旅游之间的一种组团方式，旅游者分别从不同的地方来到旅游目的地后，才组成旅游团队。一般这类旅游团不设全陪。

七、组织结构

组织结构（Organizational Structure）是指一个组织整体的结构，是在企业管理要求、管控定位、管理模式及业务特征等多因素影响下，在企业内部组织资源、搭建流程、开展业务、落实管理的基本要素。

在传统经营中常见的企业组织结构形式大致有六种，它们分别是直线结构、职能结构、直线－职能结构、事业部结构、分权结构、矩阵结构。在实践操作中，每一种组织结构形式都是按照独特性来构建企业内部的管理框架。在不同的组织结构形式企业中，管理权的分配、管理的层次与幅度、组织内部不同部门之间的关系等均是不同的。

组织结构图是组织结构的直观反映，是最常见的表现雇员、职称和群体关系的一种图表，它形象地反映了组织内各机构、岗位相互之间的关系（见图 1－2 至图 1－5）。

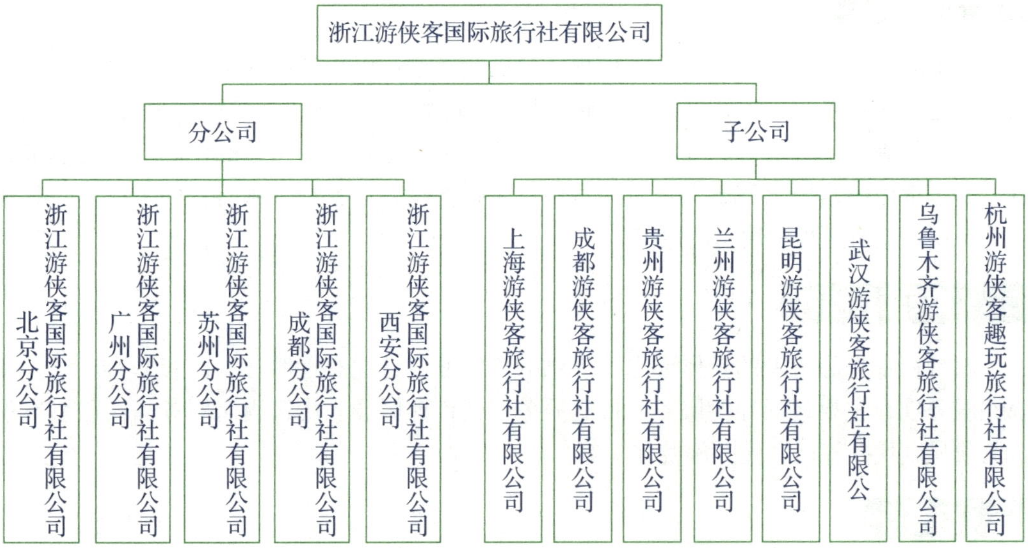

图 1－2　浙江游侠客国际旅行社组织架构图

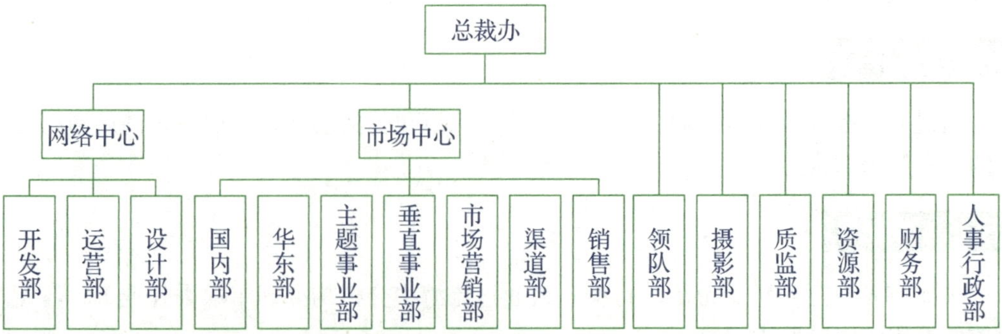

图 1－3　浙江游侠客国际旅行社本部内部组织架构图

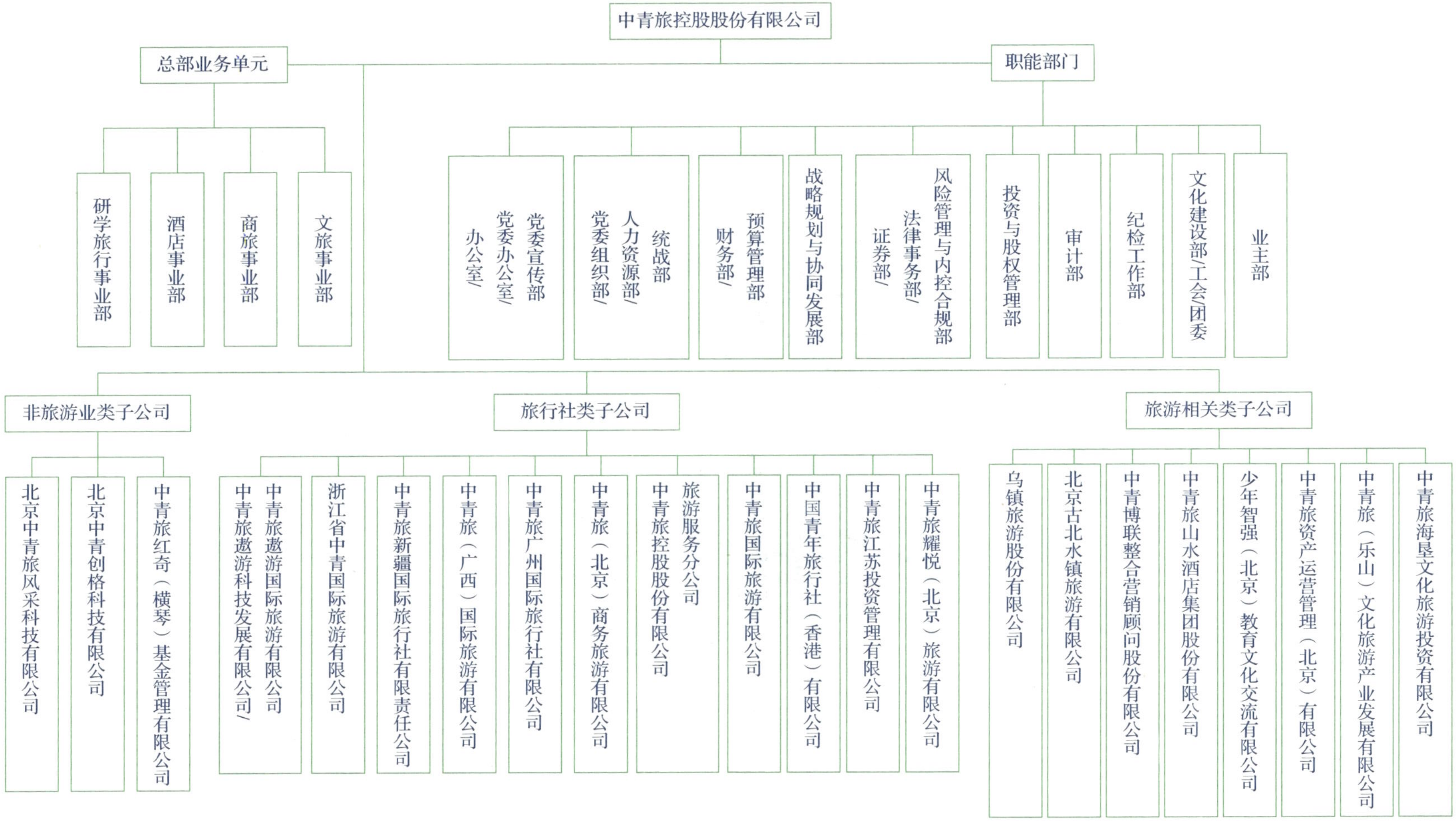

图 1－4 中青旅控股股份有限公司组织架构图

学习情境二

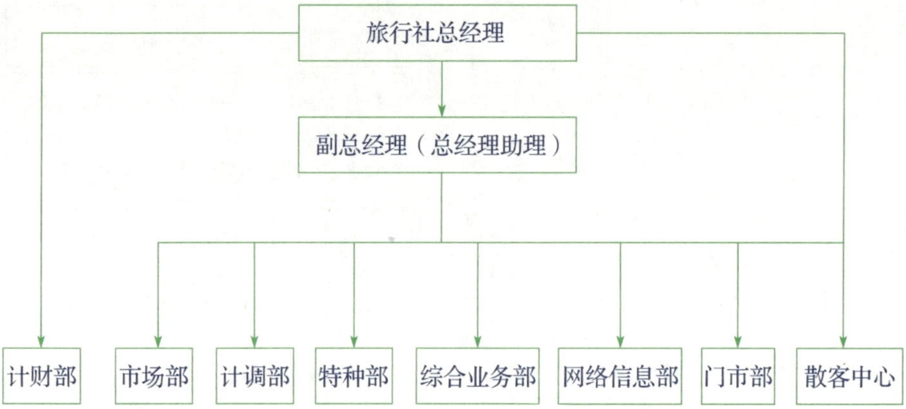

图 1－5　某小型旅行社组织架构图

拓展资料

GB/T 31380—2015 旅行社等级的划分与评定

LB/T 028—2014 旅行社安全规范

工作任务单 3 给旅行社起名，组建部门。

工作任务 4

认知业务岗位

学习过程

一、计调业务

“计调”是计划、调度的简称。广义的计调业务指为旅行社业务决策而进行的信息提供、调查研究、统计分析、计划编制等参谋性工作和为实现计划目标而进行的统筹安排、组织落实、业务签约、协调联络、监督检查等业务性工作的总和。狭义的计调业务是指在旅行社接待业务工作中，为旅游团安排各种旅游活动所提供的后台服务，包括安排、落实食、住、行、游、购、娱等事宜，选择旅游合作伙伴或导游，编制和发送旅游接待计划、旅游预算单等，以及为确保这些服务而与其他旅游企业或有关行业、部门建立合作关系。

二、外联业务

外联业务原指旅行社与境外旅行商的业务联络。随着旅游业的发展，现在的外联对象也包含境内客户，指具体从事旅行社产品营销工作，实现市场营销为目的的旅行社主营业务。

三、旅行社的业务模块

旅行社的业务主要分为销售、计调、接待三大模块，各模块主要工作内容如下：

1. 销售业务

主要核心工作为销售旅行社产品。在旅游业务流程中处于核心地位，旅行社各岗位支持、配合销售工作。

微课：旅行社的业务是如何运转的

2. 计调业务

主要核心工作为编排产品行程内容及标准、安排服务供应商。在旅游业务流程中处于中枢地位，支持销售旅行社产品，落实旅游行程内容，制定导游工作计划。

3. 接待业务

主要核心工作为带领旅游者享受旅游服务。在旅游业务流程中处于执行地位，是销售签订、计调落实旅游业务后的执行者。

三大业务模块的关系如图 1－6 所示。计调业务通过设计产品、采购旅游服务、编排行程来支持销售人员与旅游者的洽谈，当销售人员与客人洽谈成功、签订旅游合同后，计调落实相关的旅游供应商，与供应商签订协议后，制定导游派团单，由导游带着客人去旅游。

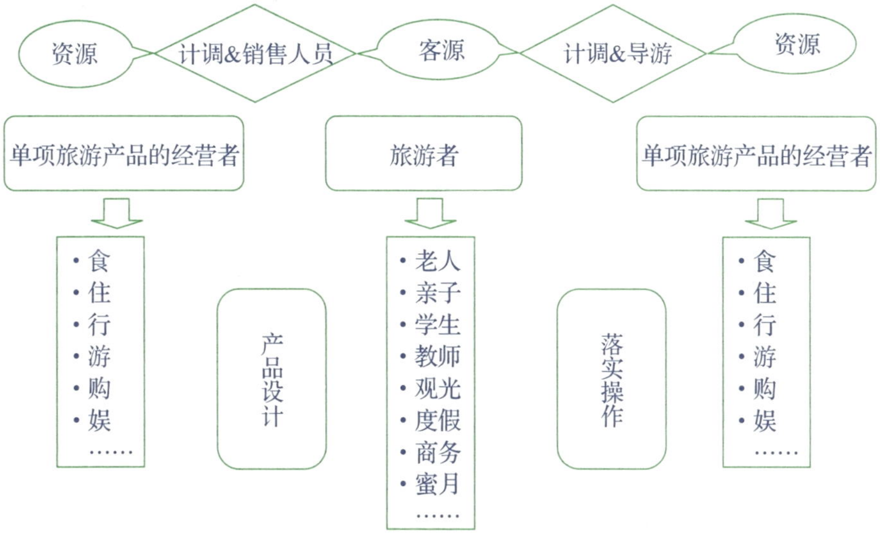

图 1-6　旅行社三大业务关系图

拓展资料

GB/T 31385—2015 旅行社服务通则

LB/T 063—2017 旅游经营者处理投诉规范

工作任务单 4-1　了解各招聘网站中旅行社相关岗位的招聘要求，剖析个人特点，进行岗位分工。

工作任务单 4-2　阅读文章，分析扁鹊三兄弟各对应旅行社哪些岗位。

扁鹊的医术

文王问名医扁鹊："你家的兄弟三人都精于医术，到底哪一位最好呢？"扁鹊答："长兄最好，中兄次之，我最差。"文王又问："那么为什么你最有名呢？"扁鹊答道："我长兄治病，是治病于病情发作之前。由于一般人不知道他事先能铲除病因，因此他的名气无法传出去，只有我家的人才知道。我中兄治病，是治病于病情初起之时。一般人以为他只能治轻微的小病，所以他的名气只及于本乡里。而我治病，是治病于病情严重之时。一般人看到我在经脉上穿针管、在皮肤上敷药，做的都是大手术，所以认为我的医术高明，名气因此响遍全国。"

分析扁鹊三兄弟各对应旅行社哪些岗位。（提示：从不同角度考虑，对应多种关系）

知识梳理

组建旅行社

一、旅行社组建流程

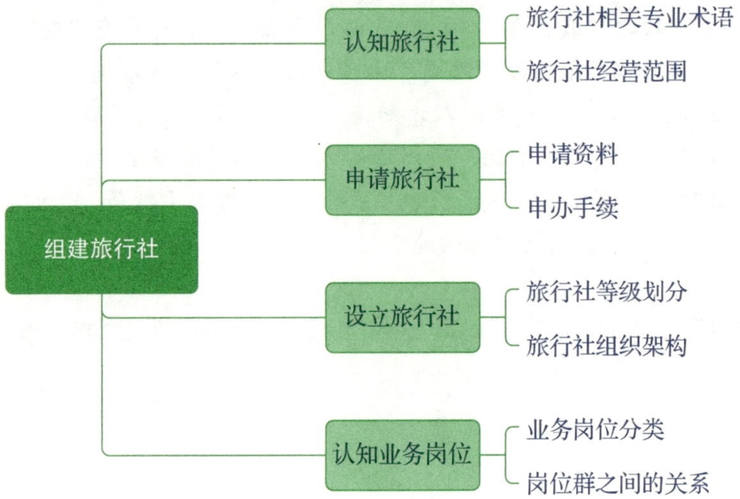

图 1－7　组建旅行社流程图

二、旅行社组建步骤

1. 认知旅行社

2009 年颁布的《旅行社条例》按照经营范围将旅行社分为国内社和出境社。其中国内社可经营国内旅游业务、入境旅游业务。出境社可经营国内旅游业务、入境旅游业务和出境旅游业务。有些旅行社的名称为“××国际旅行社”，可能是出境社，也可能是经营入境业务的国内社，具体要看营业执照或许可证上的经营范围。

2. 申请旅行社

申请旅行社应先咨询当地区一级的文化旅游行业主管部门。按照《旅行社条例》的要求，应当具备固定的经营场所、有必要的营业设施、有符合规定的注册资本、有必要的经营管理人员和导游等条件。另外，有的地市可能有最低营业面积或其他要求。再缴纳质量保证金，取得旅游主管部门的许可证，依法办理工商登记。

3. 设立旅行社

申请旅行社成功后，应组建部门和招聘人员。旅行社的部门设置与旅行社经营范围、规模大小、经营特色等因素相关。

4. 认知业务岗位

业务部门是旅行社的要害部门，集利益和风险于一体。主要分为产品采购、产品制作、产品销售、产品运作、质量处理等职能。大、中型旅行社分工较细，小型旅行社往往合而为一，业务职能基本一致。旅行社种类繁多，业务部门名称五花八门，岗位名称和工作内容岗位不完全一致。本教材将业务岗位按照工作内容分为销售类、计调类、接待类。在旅行社业务运转的过程中，各个岗位相互影响，唇齿相依。

思享园地

1. 阅读国务院印发的《“十四五”旅游业发展规划》、文化和旅游部《“十四五”文化和旅游发展规划》，思考新时代下旅行社的功能有哪些。

国务院印发《“十四五”旅游业发展规划》

文化和旅游部《“十四五”文化和旅游发展规划》

2. 阅读以下文献，思考旅行社为什么要做文明旅游引导。

[1] LB/T 039—2015 导游领队引导文明旅游规范.

LB/T 039—2015 导游领队引导文明旅游规范

[2] 张宇. 厦门建发国际旅行社：全流程覆盖营造文明氛围 [N]. 中国旅游报，2022-01-27.

厦门建发国际旅行社：全流程覆盖营造文明氛围

本报记者　张宇

2021 年 11 月，厦门建发国际旅行社（以下简称“厦门建发”）获评国家级文明旅游示范单位。谈起创建经验，该社总经理黄秀云表示：“企业领导班子高度重视文明旅游工作，成立专门的领导小组，从制度建设、全员覆盖、氛围营造三个方面着手，实现文明旅游工作全流程覆盖。”

完善制度　优化管理

为了落实文明旅游工作，厦门建发建立了较为完善的规章制度，编制了详尽的文明旅游专项工作方案，成立了专门的文明旅游工作领导小组，由总经理担任组长，负责文明旅游的组织、策划、实施、监督、考核等工作。

“我们制定了《文明旅游工作方案》《绩效考核方案》《导游领队引导文明旅游规范》等文件，将文明旅游工作融入每个业务环节。如将文明旅游工作纳入日常监督和绩效考核，作为年终评优的重要依据”，黄秀云说。

"制定《导游领队引导文明旅游规范》是希望通过不断强化导游文明旅游的培训管理，落实业务工作和文明督导一岗双责，充分发挥导游在带团过程中的文明旅游宣导、劝导作用，随时提醒游客遵守文明旅游公约，遵守旅游目的地的风俗习惯、法律法规，杜绝不文明行为。"黄秀云说，有了完善的制度规定，导游在带团过程中也会紧绷文明旅游这根弦。

厦门建发还制定了《服务网点接待用语及行为规范》，规范待客服务标准；将文明旅游承诺书、健康旅游承诺书纳入合同附件，规范合同签订；设立了文明旅游活动专项资金，支持开展常态化的文明旅游活动。

梳理流程　全员覆盖

厦门建发努力实现文明旅游全覆盖。比如，对一线面客人员，重点加强社会主义核心价值观、企业文化方面的培训宣导，不定期举办待客服务规范和投诉处置的培训和抽查，要求门店工作人员面客、接听电话时规范使用文明礼貌用语，保持服务电话 24 小时畅通。

对导游，厦门建发定期开展社会主义核心价值观、企业文化、带团规范方面的宣导和培训；要求导游领队遵守带团文明服务引导规范，衣着整洁，使用文明用语；尊重游客宗教信仰及风俗习惯，及时劝阻不文明行为。

厦门建发把地接导游、餐厅服务人员、司机视为旅游辅助服务者，督导他们做好文明旅游引导工作，落实落细各项服务规范。"在旅游旺季即将到来和大型活动举办之前，我们会向旅游辅助服务者发函要求其做好游客的品质服务、安全管控、文明旅游等工作"，黄秀云说。

对于游客的文明旅游引导工作，是从客人进店时开始的。"我们会在面客窗口显著位置摆放《中国公民国内旅游文明公约》《中国公民出境旅游文明行为指南》《行业规范》等文明旅游宣传资料。在面客窗口、门店营造文明旅游氛围，在显著位置设置文明旅游宣传方面的公益广告及宣传资料"，黄秀云说。

加强宣传　营造氛围

作为福建省旅游协会会长单位，厦门建发会同福建省文化和旅游厅行业管理处组织发起"诚信经营倡议"活动，全省 100 多家重点旅游企业签署了《诚信旅游倡议书》。

在日常宣传方面，厦门建发采取多形式、多场所、多内容的宣传方式。比如利用公司的研学教育基地，加强对学生群体的文明旅游教育。黄秀云介绍，比如在研学第一课，会安排研学导师讲解文明礼仪、安全知识。

02

学习模块二

采购供应商服务

- 工作任务5　选择供应商
- 工作任务6　起草采购合同
- 工作任务7　签订接待计划
- 工作任务8　签订用车计划

学习模块二

采购供应商服务

学习目标

知识目标

1. 了解合同的定义及要素
2. 熟悉服务合同的内容

技能目标

1. 会签订框架协议
2. 能起草订车单

素养目标

1. 培养法律意识，通过规范合同保护旅游相关方
2. 培养学生践行“爱国、敬业、诚信、友善”的社会主义核心价值观和认真负责、踏实敬业的工作态度

思维导图

采购供应商服务

学习情境	工作任务	工作任务单
旅行社成立后，如何对景区、酒店、交通等服务供应商进行考察、考评、审核呢？	选择供应商	用思维导图整理旅行社在选择服务供应商时的注意事项
旅行社怎样与供应商保持长期合作关系？签订框架协议的流程是什么？有哪些注意事项呢？	起草采购合同	阐述旅行社与服务供应商签订框架协议的主要条款
	签订接待计划	概括接待计划的要素
车调小张要向车队发送周末订车计划，他将如何操作呢？	签订用车计划	起草订车单

学习情境三

旅行社成立后，如何对景区、酒店、交通等服务供应商进行考察、考评、审核呢？

工作任务 5

选择供应商

学习过程

一、旅游服务供应商

旅游服务供应商是与旅行社签订合作合同，受旅行社委托，向旅游者提供旅游具体服务的企业或履行辅助人，包括但不限于接待旅行社、旅游景区（点）、酒店、餐馆、商店、铁路、汽车公司、船运公司、航空公司等相关接待单位或个人。

二、供应商选择机制

旅行社对众多的供应商进行评价、选择，筛选出少数几个优秀的供应商，并与之建立互信、互利、互助的长期稳定合作伙伴关系，可以实现诸如缩短新产品上市时间、简化采购计划及调配、形成经济采购批量等优点，有利于控制质量、降低产品成本、快速敏捷地反映顾客的需求、提高顾客满意度。

三、选择供应商应考虑的因素

主要有以下 4 个方面：核心能力、协同因素、运行环境、运行绩效等。

（1）核心能力：质量因素、价格与成本因素、交货因素、服务因素、技术因素。

（2）协同因素：合作意愿因素、信息状况因素。

（3）运行环境：外部环境因素、企业信誉因素、合作风险因素、管理与文化因素。

（4）运行绩效：财务状况因素、预测与控制因素、敏捷性与柔性因素。

四、供应商的选择过程

具体包括以下几个步骤：

1. 成立评价小组

对于旅游服务供应链中的核心供应商，旅行社必须建立一个质量小组以控制和实施供应商评价。

2. 确定供应商的选择目标

一般有以下几种：

（1）获得符合企业总体质量和数量要求的产品和服务；

（2）确保供应商能够提供最优质的服务、产品及最及时的供应；

（3）力争以最低的成本获得最优的产品和服务；

（4）淘汰不合格的供应商，开发有潜力的供应商，不断推陈出新；

（5）维护和发展良好的、长期稳定的供应商合作伙伴关系。

3. 制定供应商评价指标体系

供应商评价指标体系是旅行社经营商对供应商进行综合评价的依据和标准，是反映旅行社本身和环境所构成的复杂系统，将不同属性的指标按隶属关系、层次结构等有序组合的集合。

4. 评价供应商

收集、调查供应商有关指标因素方面的信息，采用恰当的评价方法，对备选供应商进行全面、客观的评价。

5. 选择以及确定合适的供应商

根据上一步的评价结果，选择并确定合适的供应商。

五、考察供应商的基本条件

（1）合法资质；

（2）经营业绩及信誉良好；

（3）管理规范；

（4）工作人员业务操作能力能够满足服务品质要求；

（5）掌控资源的能力须满足旅游服务采购计划的要求。

六、考量供应商的服务指标

1. 质量品质

各国因为国情、物资供应、质量标准的状况不同，服务品质会有所差异。如韩国的五花酒店相当于国内4星级酒店的标准，东南亚行程中标注餐食为中餐六菜一汤，旅行社只通过领队或全陪导游来监控，往往比较被动。因此，计调在签订合约时要询问清楚，标注在合作协议中，以防出现瑕疵。

2. 专业程度

旅游市场的发展促使旅游活动的类型、目的有多种差异，供应商掌控的资源和人才储备影响质量品质的专业性，有的供应商擅长接待高档团，有的供应商擅长接待平价观光团，有的供应商专门接待文化艺术或学术交流团。在选择供应商时，要考虑供应商对服务的专业程度。

3. 服务水平

旅游服务一环扣一环，一个小的事情都有可能产生问题。如近些年欧洲旅行社供应商为降低成本，用年轻的中国留学生做当地导游，用薪资较低的东欧籍司机，出现掌控能力和讲解技能不足、司机不熟悉地形在巴黎街头找不到餐厅等影响服务品质的现象。

4. 成本利益

旅行社在选择供应商时应综合考虑来决定合适的供应商，价格不应该是首要选项。如果选择报价较低的供应商，想用低成本制造较低的销售价格或创造更大的利润，这样会存在极大的质量风险。

微课：供应商的考察内容

七、审核供应商的相关资料

旅行社应对服务供应商从信息的完整性、规范性、有效性、合理性等方面进行审核。

（1）要求合作的供应商提供经营许可证、营业执照副本复印件、当年度保险合同，旅行社要提供质量保证金缴纳证明等资料。

（2）选择经营高空、高速、水上、潜水、探险等高风险项目的供应商时，应要求其提供按照国家有关规定取得的经营许可证明。

（3）要求合作的服务供应商应符合相关行业规范要求，例如：

- 餐厅符合 GB/T 16153—1996《饭馆（餐厅）卫生标准》，应具备人员健康证、卫生许可证、工商营业执照等，通过环保、消防等部门检查。
- 住宿酒店应符合 GB/T 14308—2010《旅游饭店星级的划分与评定》的规定。应具有必要的设施设备和安全保卫措施，以保障旅游者的人身财产安全。
- 车辆应当选择具有客运经营资质的汽车公司的车辆，保证客运手续、保险手续齐全。国内旅游车辆应符合 GB/T 26359—2010《旅游客车设施与服务规范》的要求。应要求在车辆的显著位置明示道路旅游者专用标识，在车厢内显著位置公示经营者和驾驶人信息、道路运输管理机构监督电话、安全提示等事项。
- 机票代理业务商应具备机票代理业务资质。
- 接待社应为合法成立的旅行社，应在目的地国家 / 地区旅游部门指定或推荐的名单内。

八、建立稳定供应商合作机制

1. 多样化渠道搜集供应商

旅行社采购部门可通过往年合作伙伴、同业平台、同行介绍等渠道了解和筛选供应商，要注意搜集多个服务供应商的信息，选择优质伙伴进行长期稳定的合作。

2. 集中采购优质供应商长期合作

精心筛选过的供应商可采用集中采购的方式合作，在一个时期内的服务集中起来投入少数几个供应商，以获得理想价格和供应条件。如经常与合作车队保持联系，了解基本情况、发展动态，熟悉车队的车型、车辆座位，记录优秀司机的姓名和车辆号码，经常使用车辆的线路价格等。

3. 分散采购一定的新供应商并观察评测

要积极发现新的供应商，并与之进行沟通洽谈和初步筛选，通过合作观察评测后可转为长期合作伙伴。

4. 建立合作供应商信息资源库和评价退出机制

旅行社应建立高质量的采购协作网络，保证即使在旺季时也能以最合理的价格与优质服务商合作。坚持对合作供应商进行考核评价，对于与公司要求不匹配的供应商应及时调整，必要时终止合作关系。

微课：供应商的采购步骤

微课：供应商的管理

微课：供应商的维护

拓展资料

1.【连线企业】供应商登记表样例

表 2－1　供应商档案登记表

（浙江中青旅提供）

出境中心供应商档案表

企业类别	国内组团社［　］、境外地接社［　］、游轮［　］、航空公司及票务代理［　］、酒店［　］、其他______________		
公司全称	中文：		
	英文：		
开户银行		公司账号	
公司地址		员工人数	人
负责人		中文导游人数	人
传真		意外保险（可附纸说明）	
具体联系人		电话	
传真		电子邮箱	
上年营收	RMB　　　　万元	接待人数	人次
与我公司业务往来信息：			
合同编号		旅游目的地	
上年营收		上年接待人数	
是否有重大投诉：是［　］、否［　］；若有请另行附纸详细说明。			
结算方式：出团前结清［　］、月结［　］、两月结［　］其他__________			
是否有奖励：是［　］、否［　］ 奖励方式：单团［　］、月结［　］、季结［　］、年结［　］、附纸说明［　］			
总体评价：请从合作方的各要素的价格、服务、质量进行评判，另行附纸详细说明。			
合作前景：继续合作［　］、解决存在问题继续合作［　］、中止合作［　］			
部门经理意见		分管副总意见	
填表人		填表日期	

2. 出境旅游优质服务供应商认定与测评标准

该标准是国家旅游局以 2013 年 13 号公告的形式发布的，由中国旅行社协会会同专业机构组织实施。2015 年国家旅游局又发布公文，明确暂停实施该项标准。关于停止该标准，中国旅游报记者专访了国家旅游局监督管理司负责人，具体停止原因看以下报纸报道内容。虽然出于政府职能的原因取消了该标准，但标准内容对旅行社选择供应商有一定的参考价值。

《出境旅游优质服务供应商认定与测评标准》暂停实施

中国旅游报 2015-03-17

记者：能否简要介绍一下《出境旅游优质服务供应商认定与测评标准》制定出台的背景情况？

负责人：随着近年来我国出境旅游市场的持续高速增长，为提升出境旅游的服务质量，促进出境旅游市场的转型升级，国家旅游局组织编制了《出境旅游优质服务供应商认定与测评标准》。2013 年 5 月，国家旅游局以 2013 年 13 号公告的形式发布该标准，由中国旅行社协会会同专业机构组织实施。

记者：该标准实施近两年来情况怎样？

负责人：该标准实施近两年来，吸引了境内外一些旅游企业的参与，也引起了我国企业、国外一些政府部门和企业的关注，并对"政府部门是否可以对企业经营行为提出明确的限定""政府部门是否能够组织开展有收益的活动""该标准的实施是否突破了已达成的国际间协议的规定"等方面的问题，提出了一些意见。

记者：针对各方提出的意见和存在的问题，国家旅游局准备采取哪些措施予以解决？

负责人：我们认为，各方面的意见和反映是基于政府部门如何更好地实现职能转变和依法行政的角度提出的，是积极的、有益的，也切中这项工作所存在的问题要害，应给予高度重视。下一步我们将采取以下几项措施。一是国家旅游局作为政府行政部门，必须全面贯彻落实党的十八届三中全会关于转变政府职能和党的十八届四中全会关于依法治国的总体要求，要切实履行好政府职能，切实维护好政府部门的形象。为此，国家旅游局明确暂停实施该项标准。二是国家旅游局将会同有关行业协会，广泛听取各方面意见，对该标准进行修订；特别是对实施主体、收费标准、服务标准，做出依法依规的明确界定。三是待对该标准进行新的修订后，将本着充分发挥行业协会规范、指导、服务和协调职能的原则，明确由行业协会发布并组织实施。对于已经遴选出的优质服务供应商，继续由中国旅行社协会结合修订后新标准的实施，进行统筹管理服务。

在此，我们也提请有关企业和有关单位，均不得再以国家旅游局的名义，从事对已经暂停实施的《出境旅游优质服务供应商认定与测评标准》的认证评定和组织开展有收益性的工作活动。

出境旅游优质服务供应商认定与测评标准

前言

为促进出境旅游服务质量提升，推动出境旅游市场转型升级，国家旅游局实施出境旅游优质服务供应商计划，并制定本标准。

本标准对在境外旅游目的地接待中国旅游者的优质服务供应商提出要求。

本标准起草单位：国家旅游局监督管理司、北京艾威联合旅游顾问有限公司。

1. 范围

本标准规定了出境旅游优质服务供应商认定的条件、程序和要求。

本标准适用于在境外旅游目的地接待中国旅游者以及为中国旅游者提供服务的各类旅游供应商。

2. 术语和定义

下列术语和定义适用于本标准。

2.1 供应商

指在境外接待中国旅游者的各种类型的旅游服务提供商，包括地接旅行社类供应商、酒店住宿类供应商、购物商店类供应商、旅游吸引物类供应商和餐饮服务类供应商等。

2.2 组团社

经中国政府旅游行政管理部门批准，依法取得经营中国公民出境旅游业务资格的旅行社。

2.3 旅游产品

指旅行社向旅游者提供的包价旅游服务和各种单项委托业务。

2.4 导游

指受境外旅游目的地地接旅行社的委派，为中国旅游者提供向导、讲解及相关旅游服务的人员。

2.5 保荐机构

指对供应商的企业资质和服务质量有必要的了解，被认可能够按照本标准的要求为供应商出具有效保荐函的机构或法人主体。

3. 供应商评价要素和条件

3.1 本标准所确定的评价要素和条件，是以中国出境旅游者为服务对象，对供应商具备的直接影响服务质量的定性的或可量化的特性加以规定。

3.2 根据不同类型供应商的服务内容和特点，分别设置不同的评价要素和条件，并在测评中赋予相应的分值。

3.3 评价要素与条件

3.3.1 地接旅行社类供应商

1）旅行社经营资质及其运营年限；

2）旅行社的规模和接待能力；

3）旅行社管理团队及其从业经验；

4）旅行社的商业信用与社会声誉；

5）旅行社处理突发事件和抗风险的能力；

6）旅行社旅游产品的设计及其综合服务能力；

7）与组团社和其他供应商确立商业合作关系的规范性；

8）不采取以不合理的低价方式招徕和接待中国旅游者；

9）能够提供或安排专业的导游服务，为导游支付合理的报酬，不向导游收取任何费用；

10）行程操作规范，不会擅自变更行程计划、减少游览项目或缩短游览时间；

11）不会以任何欺骗、胁迫的方式安排中国旅游者购物或者参加需要另行付费的项目；

12）近年内没有被严重投诉的记录，没有出现过重大安全事故或服务质量事件；

13）有为中国旅游者提供优质服务的承诺；

14）获得符合条件的保荐机构的推荐；

15）中国旅游者的评价。

3.3.2 酒店住宿类供应商

1）酒店开业运营的时间及其接待能力；

2）酒店所具备的档次等级或星级标准；

3）酒店的区位条件和可通达性；

4）酒店在当地的知名度和品牌形象；

5）酒店管理及管理人员的从业经验；

6）酒店接待中国客人的经验与内部培训；

7）酒店对顾客没有任何种族歧视，对中国客人没有任何不公平的对待；

8）近年内没有出现过有严重负面影响的投诉事件或被处罚的情况；

9）有能够照顾到中国客人需求的便利服务；

10）有为中国旅游者提供优质服务的承诺；

11）获得符合条件的保荐机构的推荐；

12）中国旅游者的评价。

3.3.3 购物商店类供应商

1）商店经营资质及其开业运营的时间；

2）商店的区位条件或可通达性；

3）商店的内外部形象与购物环境；

4）商店的商业信用和美誉度；

5）商品明码标价，对所销售商品提供质量保证，不销售假冒、劣质商品；

6）无任何涉嫌价格欺诈或胁迫顾客购物的行为；

7）对顾客没有任何种族歧视，对中国客人没有任何不公平的对待；

8）近年内没有出现过有严重负面影响的投诉事件或被处罚的情况；

9）有能够照顾到中国客人需求的有关便利和服务；

10）有为中国旅游者提供优质服务的承诺；

11）获得符合条件的保荐机构的推荐；

12）中国旅游者的评价。

3.3.4 旅游吸引物类供应商

1）旅游吸引物的特性及其知名度；

2）区位条件或可通达性；

3）基础服务设施及条件；

4）标志标示或引导系统；

5）配套服务及其价格展示；

6）对游客没有任何种族歧视，对中国旅游者没有任何不公平的对待；

7）有能够照顾到中国旅游者需求的有关便利和服务；

8）有为中国旅游者提供优质服务的承诺；

9）获得符合条件的保荐机构的推荐；

10）中国旅游者的评价。

3.3.5　餐饮服务类供应商

1）餐馆经营资质及其开业运营的时间；

2）餐馆的区位条件或可通达性；

3）餐馆的内外部形象与用餐环境；

4）餐馆的卫生状况；

5）餐馆在当地的声誉或知名度；

6）近年内没有发生过任何食品卫生事故，也没有出现过有严重负面影响的投诉事件或被处罚的情况；

7）遵守商业诚信，没有任何消费欺诈行为；

8）对顾客没有任何种族歧视，对中国客人没有任何不公平的对待；

9）有能够照顾到中国客人需求的有关便利和服务；

10）有为中国旅游者提供优质服务的承诺；

11）获得符合条件的保荐机构的推荐；

12）中国旅游者的评价。

3.3.6　其他类型供应商

包含复合功能的其他类型供应商，根据其服务内容和特点，比照上述评价要素和条件进行评估。

4. 实施原则

4.1　自愿原则

凡愿意接待中国旅游者、认同本标准的供应商，均可自愿申请参加中国公民出境旅游优质服务供应商计划。

4.2　公正原则

依据本标准的要求、评价细则和程序，遵循客观公正的原则，对申请参加中国公民出境旅游优质服务供应商计划的供应商进行测评认定。

4.3　动态管理原则

出境旅游优质服务供应商计划采用动态管理的原则，对获得正式资质的优质服务供应商进行年度复核和动态评价。

5. 资质等级

5.1　等级划分

优质服务供应商资质分为预备资质和正式资质。

正式资质分为优质服务供应商和最佳服务供应商。

5.2　优质服务供应商预备资质

供应商满足以下条件，可获得优质服务供应商预备资质：

1）按出境旅游优质服务供应商计划的要求，提交所有必须的申请资料和承诺书；

2）取得符合条件的保荐机构的推荐函；

3）符合本标准的要求，并通过专业测评。

5.3　优质服务供应商正式资质

5.3.1　优质服务供应商

供应商满足以下条件，可获得出境旅游优质服务供应商正式资质：

1）获得出境旅游优质服务供应商预备资质时间满 1 年；

2）获得中国旅游者满意的评价。

5.3.2　最佳服务供应商

供应商满足以下条件，可获得出境旅游最佳服务供应商资质：

1）获得出境旅游优质服务供应商正式资质时间满 1 年；

2）获得中国旅游者满意的评价；

3）专业测评分值达到最佳服务供应商规定的要求。

6　申请与认定程序

6.1　申请注册

申请人可根据其作为旅游服务供应商所具备的条件，向出境旅游优质供应商计划的执行机构提出申请，填写和提交注册表。

6.2　专业测评

1）申请人的注册表被正式受理后，须按照本标准的要求，提交完备的申请材料，包括测评表、保荐函和承诺书。

2）出境旅游优质供应商计划的执行机构依据本标准的要求，组织对申请人进行专业测评。

3）通过专业测评的申请人，将获得优质服务供应商预备资质。

6.3　公示与游客评价

1）出境旅游优质供应商计划的执行机构将获得预备资质的供应商名单在指定网站上发布，予以公示。

2）出境旅游优质服务供应商计划的执行机构征集中国旅游者和组团社的评价意见，并以此作为对供应商进行评价的重要参考依据。

6.4　资质认定

1）申请人获得优质服务供应商预备资质时间满一年，获得中国旅游者满意的评价，依照本标准的规定，可获得优质服务供应商正式资质；

2）对未通过旅游者评价的申请人，出境旅游优质服务供应商计划的执行机构向其提出告诫意见，暂停或中止其出境旅游优质服务供应商预备资质。

7. 年度复核

7.1　依照本标准的要求，通过资质认定的出境旅游优质服务供应商须参加年度复核。

7.2　对获得资质认定而未按要求参加年度复核的供应商，出境旅游优质服务供应商计划的执行机构将给予必要的告诫提醒。在告诫提醒后仍未参加复核的，将暂停或中止其优质服务供应商资质。

7.3　对未通过复核的供应商，出境旅游优质服务供应商计划的执行机构将发出告诫和改进通知，并暂停或中止其优质服务供应商资质。

8. 降级和取消资质

8.1　获得最佳服务供应商资质认定的供应商，如不能继续满足本标准的测评条件，出境旅游优质供应商计划的执行机构将对其发出告诫通知。如在告诫通知所规定的时间内仍未能满足本标准所设定要求的，可将其最佳优质服务供应商资质降级为优质服务供应商资质。

8.2　已获得认定的出境旅游优质服务供应商，如发生重大服务质量事故或安全事故，造成恶劣影响，且未采取有效补救措施的，可取消其优质服务供应商资质，并予以公布。

8.3　凡提供虚假资料获得优质服务资质认定的供应商，将取消其优质服务供应商的资质认定，并予以公布。

8.4　凡被取消资质的供应商，自取消之日起三年内，不予受理其重新参加出境旅游优质服务供应商计划的申请。

9. 附则

9.1　根据本标准实施情况，发布机构可对已包括或未包括的内容予以必要的补充和修订。

9.2　对获得优质服务资质认定的供应商，向中国旅游者和组团社推荐。

9.3　中国旅游行政管理部门鼓励和要求组团社与出境旅游优质服务供应商开展业务合作，并将以此作为对组团社及其出境旅游产品评价的重要依据。

9.4　中国旅游行政管理部门鼓励和倡导中国旅游者选择优质服务供应商或由其提供服务的旅游产品。

工作任务单 5　用思维导图整理旅行社在选择服务供应商时的注意事项。

学习情境四

旅行社怎样与供应商保持长期合作关系？签订框架协议的流程是什么样的？有哪些注意事项呢？

工作任务 6

起草采购合同

学习过程

一、《中华人民共和国民法典》关于合同的相关条款

第四百六十四条【合同的定义和身份关系协议的法律适用】合同是民事主体之间设立、变更、终止民事法律关系的协议。

第四百六十九条【合同订立形式】当事人订立合同，可以采用书面形式、口头形式或者其他形式。书面形式是合同书、信件、电报、电传、传真等可以有形地表现所载内容的形式。以电子数据交换、电子邮件等方式能够有形地表现所载内容，并可以随时调取查用的数据电文，视为书面形式。

第四百七十条【合同主要条款与示范文本】合同的内容由当事人约定，一般包括下列条款：

（一）当事人的名称或者姓名和住所；

（二）标的；

（三）数量；

（四）质量；

（五）价款或者报酬；

（六）履行期限、地点和方式；

（七）违约责任；

（八）解决争议的方法。

二、旅游合同

旅游合同是指旅游者同与其具有平等民事主体资格的旅游经营者，或者旅游经营者与有关旅游企业相互之间，为完成旅行游览活动，实现旅游的目的，明确相互权利义务关系而达成的协议。

三、框架协议

框架协议是指框架合同在一定时期内，将每笔单个交易作为一个框架进行运作，整个合约受到框架协议的控制，但是单个交易也有它们特殊的情况，一般是缔约机构之间达成的原则性约定条款。框架协议的特点：（1）提供了一种规则，对双方具有一定的约束力；（2）框

架协议不是专门为解决冲突而达成的，主要是为了避免矛盾升级，建立互信关系；（3）框架协议是促进一些签订主体落实项目进度的有效手段，双方应当随时报告协议执行的情况。

四、采购合同签订要求

旅行社与旅游服务供应商建立业务关系时，应按照有关法律规范订立书面的服务采购合同，协议须符合合同要素，至少要包括：

微课：认知合同

（1）双方规范名称、住所；

（2）双方的联系人及联系方式；

（3）提供的服务项目、标准及价格；

（4）付款方式、币种和期限；

（5）突发情况和服务质量、安全事故的处理流程；

（6）解除或变更合同的条件和通知的期限；

（7）免责条款；

（8）违约责任和解决争议的方法；

（9）生效和终止时间；

（10）法定代表人签字；

（11）加盖公章。

五、供应商评价原则

供应商评价的指标有很多，涉及供应商的多个方面，要想建立一套完善、合理、科学的评估指标体系，克服传统供应商评价选择较为主观、片面的缺陷，就必须在建立供应商评价指标体系时遵循一些指导原则。

（1）全面系统性原则。供应商评价指标体系必须全面反映供应商的综合水平，不仅要能够反映供应商的历史业绩及当前状况，也要包括能体现供应商发展前景的主要指标。

（2）客观公正性原则。建立科学、适用、规范的评价指标体系，利用一套全面有效的方法避免主观上的臆断，以客观的立场、公平的态度、合理的方法评价供应商。

（3）操作灵活性原则。评估指标体系要有足够的弹性空间以便于衡量，尽可能做到量化处理。这样企业就能根据自身的特点及实际情况，灵活地选取相应的指标对供应商进行考评，并能根据情况的变化对评价体系进行适时调整。

微课：旅行社服务采购

拓展资料

1.【连线企业】旅行社服务采购合同样例 1

国内旅游委托接待合同

（浙江中青国际旅游公司提供）

组团社：

地接社：

为发展共同事业，保证旅行团的服务质量，维护旅游者及合作方的正当权益，本着平等互利、诚实信用的原则，就组团社、地接社的权利义务及业务开展事宜达成如下协议：

第一条　合同构成

下列内容作为本合同的有效组成部分，与本合同具有同等法律效力：

1.《接待计划书》；

2. 双方业务往来确认；

3. 双方就未尽事宜达成的补充协议；

4. 财务确认及结算单据；

5. 其他约定：______________________________

第二条　合同当事人

1. 组团社和地接社是依照中华人民共和国法律法规设立的旅行社或分社，依法取得旅行社业务资质，且在合同有效期内双方资质有效存续。

2. 双方均应于签订合同前向对方提供营业执照、业务经营许可证（分社备案登记证明）、旅行社责任保险单、安全管理制度、突发事件处理预案等文书复印件并加盖印章。如上述信息发生变更，变更一方应于变更之日起七日内书面通知对方并提供更新后的材料。

第三条　《接待计划书》订立

组团社可以通过电话、传真、电子邮件等通信方式与地接社洽谈接待相关事宜，在此过程中双方最终达成一致的事项，应形成《接待计划书》，并由双方签字盖章确认。

《接待计划书》应明确以下内容：

1. 旅游者人数及名单；

2. 接待费用；

3. 抵离时间、航班、车次；

4. 交通、住宿、餐饮等旅游服务安排和标准；

5. 游览、娱乐等项目的具体内容和时间；

6. 自由活动时间安排和次数；

7. 与旅游者协商一致的购物场所名称、购物次数和时间；

8. 与旅游者协商一致的另行付费的旅游项目名称和价格；

9. 对导游的要求；

10. 其他：______________________________

第四条　《接待计划书》变更

1.《接待计划书》一经确认，单方不得擅自变更。

2. 出团前如遇不可抗力、意外事件或其他原因确需变更的，经协商一致，就变更后的内容由双方签字盖章确认。紧急情况下，双方可通过电话、传真、电子邮件等通信方式进行协商，但应在紧急情况消失之日起三日内由双方签字盖章确认。

3. 除法律法规规定外，出团后《接待计划书》不得变更。

第五条　接待服务要求

地接社接待服务应符合：

1.《旅游法》《旅行社条例》《导游人员管理条例》《旅行社服务质量赔偿标准》等法律法规；

2. 双方约定的接待服务标准；

3. 相关的国家标准和行业标准。

第六条 业务操作规程

1. 地接社定期以书面形式向组团社提供旅游线路及其相应服务、报价、注意事项等，并保证给予组团社的各条旅游线路的结算价不高于地接社发给任何一家组团（代理）社的价格。

2. 组团社将旅游业务委托给地接社负责安排接待时，应明确要求地接社所提供服务的内容。地接社应在接到组团社委托件后的 24 小时内予以回执确认。在回执确认件中，应包含地接社操作人员及导游的姓名、通信方式、对行程调整的建议及费用预算报价等，并说明有效时间。一经确认报价后，组团社将以地接社的报价和接待标准作为与地接社结算的依据，如发生价格变动，组团社将不承担上涨部分的费用。

3. 组团社应在每次发团两个工作日前（特殊团队另行协商确认时间），以书面形式向地接社提供下列资料：旅游者人数及名单、航班号或者车次、住宿酒店要求、当地用车及用餐要求、景点游览要求等。如委托地接社代订机票的，组团社应提供旅游者准确的姓名和证件号码。地接社收到上述团队资料后，应认真操作，严格按照组团社要求执行。

4. 组团社、地接社所有的业务往来均应经对方（包括授权签名人）确认，双方确认的方式可以是信件、传真件及 E-mail、QQ 等电子邮件记录：

（1）组团社

传真号：

E-mail：

QQ：

授权签名人：

（2）地接社

传真号：

E-mail：

QQ：

授权签名人：

第七条 合同权利义务

1. 组团社权利义务

（1）组团社有权要求地接社严格按照双方确定的具体行程安排及标准接待旅行团，并对服务内容和质量、旅游者的人身和财产安全进行全程的质量监督。

（2）在出团前，组团社有权知道地接社全程接待安排的房、车、餐、导游、景点等具体情况，以便向旅行团、旅游者通报。

（3）地接社随意改变旅游计划，造成组团社旅行团过半数旅游者投诉，组团社有权当场解除该业务委托合同，给组团社造成损失的，地接社应承担赔偿责任。

（4）组团社应按约定的时限、数额支付接待费用。

（5）组团社有义务协助、配合地接社共同解决旅游行程中可能出现的突发事件，组团社全陪导游应全程监督，拒绝地陪导游、司机安排的非行程内的自费活动与购物。

（6）组团社有义务向旅游者提示旅游目的地有关法律法规、风俗习惯及与国内游有关的注意事项等。

2. 地接社权利义务

（1）地接社应保证向组团社提供真实的操作成本，不得出现零负团费，并以书面的形式分解报价给组团社，分解报价须包含：门票、车费、住宿费、餐费、导游服务费以及所必需的其他费用项目。

（2）地接社应严格按照双方约定安排旅游行程、旅游景点、服务项目等，不得因与组团社团款等纠纷擅自终止旅游服务。

（3）未经组团社书面同意，地接社不得以任何方式将组团社组织的旅游者与其他旅游者合并接待，或者转交任何第三方接待。

（4）地接社如需变更合同约定的计划及行程，或者旅游者提出增加、减少景点要求的，必须事先征得组团社和全体旅游者一致书面同意，否则，因变更一方原因而造成损失的，由变更方承担责任。

（5）地接社应选择具有相应经营资质和接待能力的旅游辅助服务者，建立健全安全管理制度，确保使用安全的服务设备和设施，采取防止危害发生的必要措施，保障旅游者的人身及财产安全。如因地接社或者地接社委托的旅游辅助服务者故意、过失等原因造成旅游者人身安全及财产损失，地接社应就地及时解决，并承担赔偿责任。如不属于地接社责任，亦应尽人道主义义务协助处理。

（6）地接社有义务使组团社及旅游者知晓旅游目的地有关法律法规、民风民俗、有关规定及注意事项。

（7）地接社应积极配合组团社做好接待服务质量测评工作，按约定通报团队动态和反馈接待服务质量信息。

服务质量测评方式及达标标准双方约定：见《国内旅游团队委托接待工作规范》。

第八条　财务结算

1. 双方同意选择下列第____种付款方式：

（1）组团社应在发团日前日，将全部旅游费用的____%预付给地接社，余款在旅游结束后____日内结清。

（2）旅行团出发前，地接社将计划预算单传真给组团社，在旅游行程全部结束后一周内，地接社将结算账单以传真形式送达组团社经办人。组团社收到结算账单后，经核实无异议，于____日内将团款汇至地接社银行账户。

（3）双方确认，地接社于每月____日向组团社提供上月团款及结算金额，组团社收到并确认无误后于每月____日前向地接社汇付全部款项。地接社提供的组团社上月团款及结算金额以组团社授权签名人签署确认的《接待计划书》、团队结算单等为依据。

2. 财务结算以旅游者意见反馈书、《接待计划书》、团队结算单、税务局监制的发票及相关其他凭证为准。

3. 旅行团款以人民币结算，双方可根据合作的具体情况修改结算方式。

地接社开户名称：

开户行：

银行账号：

第九条　风险防范

1. 组团社和地接社均应按照法律法规规定足额投保旅行社责任保险。

2. 组团社应提示其组织的旅游者购买人身意外伤害保险。

3. 地接社为组团社组织的旅游者安排的车辆及司机必须具备合法有效资质，地接社选择的客运经营者应已购买承运人责任保险，且保险金额不低于____万元。

4. 组团社和地接社均应维护旅游者的安全，对于可能危及旅游者人身及财产安全的事项，应做出真实的说明和明确的警示，并采取必要措施防止危害发生和扩大。

5. 地接社接待过程中，旅游者受到人身、财产损害的，地接社应采取救助措施并先行垫付必要费用，及时向组团社反馈信息，收集和保存相关证据。组团社和地接社在责任划分明确后三十日内根据各自承担的责任进行结算，属于第三方责任的，地接社应协助旅游者索赔。

第十条　旅游纠纷处理

1. 旅游者在地接社接待过程中提出投诉的，地接社应尽力在当地及时解决并将处理情况书面通知组团社，未能在当地解决的，应及时书面通知组团社。

2. 地接社应积极配合组团社处理旅游者投诉、仲裁、诉讼等服务质量纠纷，及时提供所需证据材料。因组团社原因导致行程延误、更改、取消等所造成的经济损失由组团社承担，因地接社接待服务质量问题造成的经济损失由地接社承担。

3. 组团社和地接社应根据调查情况，划分各自应承担的赔偿责任，并于责任划分明确后七日内进行结算。因地接社接待服务质量问题所产生的经济赔偿，组团社依照或参照如下标准做出赔偿后，地接社应在组团社提出追索请求并提供相关证明后七日内对组团社予以全额赔偿，组团社有权在旅游团款中直接予以抵扣或者扣除：

（1）依照组团社和旅游者于旅游合同中约定的赔偿标准；

（2）参照国家旅游局制定的《旅行社服务质量赔偿标准》；

（3）依照法院、仲裁机构裁决所确定的数额标准。

4.《中华人民共和国旅游法》对以下四类违法行为加大了打击力度：

（1）未与旅游者协商一致，安排购物场所与另行付费旅游项目；

（2）在旅游行程中擅自变更旅游行程安排，严重损害旅游者权益；

（3）拒绝履行合同的，如甩团；

（4）安排旅游者参观或者参与违反我国法律、法规和社会公德的项目或者活动，如色情、赌博和涉毒场所。

鉴于此，因地接社违反《旅游法》《旅行社条例》等有关法律法规导致旅游者向组团社住所地旅游行政管理部门投诉、组团社遭受行政处罚的，地接社应承担组团社全部损失（包括但不限于行政罚款、诉讼费、律师费、交通费等）。

5. 如发生诉讼或者仲裁，地接社应承担连带责任，并作为连带责任人与组团社一起应诉，组团社承担赔偿责任后，有权向地接社追偿。地接社对组团社的赔偿，包括但不限于组团社向旅游者支付的相关赔偿款、诉讼费，组团社行使追偿权支付的诉讼费、律师费、交通费等，组团社为此减少的经济收入。

第十一条　不可抗力

1. 因不可抗力等不可归责于合同任何一方的事由致使一方不能履行合同的，应根据影响程度，部分或全部免除责任，但迟延履行后发生不可抗力等不可归责于合同任何一方的事由的，不能免除责任。

2. 一方因不可抗力等不可归责于合同任何一方的事由不能履行合同的，应当及时通知另一方，并在合理期限内提供证明。紧急情况下，一方应采取合理适当的措施防止损失扩大。

3. 因不可抗力等不可归责于合同任何一方的事由导致行程延滞，组团社和地接社应及时与旅游者协商、调整行程，所增加的费用，同意旅游者不承担的部分由组团社和地接社协商承担。

第十二条　保密条款

在业务往来中获得对方或者对方客户的信息均应视为保密信息（不包含可以从公共渠道获得的信息），双方均应承担对本合同及相关信息的保密义务，无论任何原因或者目的均不得向第三者泄露。本合同终止后，本保密条款继续有效。

第十三条　旅游保险事故报案

1. 旅游保险（包括旅行社责任保险和旅游意外保险）事故发生后，如果该旅行团组团社没有派出全陪导游或者全陪导游亦发生人身意外，地接社应第一时间通知组团社；在无法通知的情况下，地接社应按照组团社下列提示，以组团社名义及时完成保险报案手续：

旅行社责任保险报案电话：______________（发生保险事故后的48小时以内）。

旅游意外保险报案电话：______________（发生保险事故后的48小时以内）。

2. 组团社旅游保险事故负责人、电话（办公室、住宅及移动手机）：______________

第十四条　其他约定

1. 为保证组团社旅游者在中国境内旅行期间的安全，地接社应出资为旅游者投保旅游意外险，旅行团报价含此保险。

2. 本合同为旅游业务合作的原则性约定，具体团队接待单团单议，双方为组接团业务而往来的书面信件、传真件及E-mail、QQ等电子邮件作为本合同不可分割的组成部分，和合同一并具有同等法律效力。

3. 旅游团队具体接待服务标准及要求详见附件。

第十五条　纠纷处理

就本合同发生的纠纷、争论、不同意见或者违约，双方应当本着友好、公正的态度协商解决；协商不成，向组团社住所地人民法院提起诉讼。

第十六条　附则

1. 本合同自双方代表人签名并加盖公章之日起生效，本合同一式两份，双方各执一份，具有同等效力。

2. 本合同终止或者解除之日，双方的合同责任和义务尚未履行完毕的，并不因合同的终止或者解除而失效。

3. 本合同有效期自____年____月____日起至____年____月____日止。

组团社（盖章）：	地接社（盖章）：
代表人（签名）：	代表人（签名）：
经营范围：	经营范围：
经营许可证编号：	经营许可证编号：
住所地：	住所地：
签约日期：	签约日期：

附：接待质量标准

接待质量标准

组团社旅行团等级分别为：定期普通团、特别关注团、VIP 团，地接社在接待过程中对此应给予特别关注，并提供符合以下质量标准的服务：

一、酒店

1. 组团社旅行团以使用三星级以上酒店为主，具体酒店标准以组团社操作人员要求为准，地接社在组团社确认后进行团队操作，不可安排双方确认范围之外的酒店。

2. 酒店硬件设施应符合相应星级等级标准，所有设施应保持干净整洁、保养良好、运转正常。

3. 酒店位置应符合交通便利、治安良好的原则，使旅游者的商务活动和自由活动方便、安全。

4. 酒店的服务应热情周到，随时为旅游者的特殊要求提供有效的帮助。例如：组团社团队为特别关注团、VIP 团时，酒店在客房内应放置欢迎卡、鲜花或者果篮，对此地接社和酒店应积极配合。

5. 如酒店分主楼、附楼的，地接社应在报价时做特别说明。

二、餐饮

1. 就餐环境高雅、清洁干净，卫生间不能有污渍、异味。

2. 按餐费标准订餐，严禁克扣餐费、酒水，菜单按单团合同标准执行。

3. 满足旅游者特殊要求，例如：素食、穆斯林餐等。

4. 保证旅游者吃饱、吃好，如遇菜量不足或者口味严重不符，地接社导游应立即现场调整、解决，并避免以后再次发生。

5. 每桌最多安排 10 人。

三、交通车辆

1. 地接社须使用在交通部门注册登记的合法运营旅游车，应当投保乘客意外伤害保险，严禁使用非法运营车辆（包括无牌黑车）。

2. 车厢内外须保持干净整洁，车内设施能正常使用，如电视、麦克风、空调、阅读灯、窗帘、座椅调节、卫生间设施等。

3. 车况良好，保证机械设施运转正常、有效。如出现意外，导致抛锚或者其他影响行程的事故，应迅速采取补救措施；因此造成的投诉、损失，应当由地接社负责赔偿。

4. 车辆上座率控制在以下标准之内：普通团 90%，特别关注团 80%，VIP 团 70%。

5. 司机应经验丰富，安全驾驶记录良好，服务热情，熟悉行程内路线、路况，如遇未知地点、路线，地接社应提前查询，确保将旅游者及时、准确无误地送达目的地。

6. 按照组团社要求配备行李车。

四、地接社导游

1. 拥有导游执业证的中文普通话导游。

2. 经验丰富、熟悉旅游目的地的情况，特别是熟悉与旅游相关的情况，如交通、景点、酒店、餐厅、机场、车站、码头等。

3. 导游接机（站）时，应在机（车）抵达前到达机场（车站），按组团社要求举牌接机（站）。

4. 为旅游者提供向导、讲解及相关旅游服务，做到热情、主动、周到，对经常发生或者可能预见的险情应及时提醒旅游者，确保旅游者安全，坚决杜绝一切安全事故隐患，避免旅游者投诉事件和安全事故的发生。

5. 导游接送旅行团和随团出席重要活动时，必须注意仪态、仪表，着装应整齐、简洁、大方、得体，女性化妆要适度。

6. 遇旅游者参加自行安排的商务活动及用餐时，导游应积极配合，为旅游者提供必要的帮助。

7. 导游应当向旅游者讲解旅游目的地的人文和自然情况，介绍风土人情和当地习俗，但不得迎合个别旅游者的低级趣味，在讲解中掺杂庸俗下流的内容。

8. 在带团过程中，导游应严格执行接待计划，严禁导游向旅游者索要小费。

五、购物店及自费项目安排

1. 地接社应严格执行接待计划内的购物及自费项目安排，在接待过程中严禁增加购物及自费项目次数，每次购物时间一般不得超过____分钟，严禁擅自延长购物时间。

2. 接待计划内的购物及自费项目安排，必须在旅游者自愿的原则下进行，并安顿好不参加自费活动的旅游者。

3. 地接社导游不得强迫或者诱导旅游者购物。如旅游者不愿意进购物店，导游不得以行程中已列明为由强迫旅游者进店。

4. 在地接社指定的商店内购物，如经专业机构鉴定，旅游者所购商品属于假冒伪劣或者质价不符的商品，地接社有责任随时退换并按照有关法律法规承担相应的责任。

5. 地接社应当向组团社提供购物店的具体名称、地点，原则上平均每天最多安排一个购物店。组团社旅行团如系无购物团，地接社不得安排进店消费。

2.【连线企业】旅行社服务采购合同样例 2

车队运输合同

（由杭州万豪旅行社提供）

合同编号：

甲方（承运人）：
地址：
法定代表人：
联系电话：
乙方（托运人）：
地址：
法定代表人：
联系电话：

根据《中华人民共和国合同法》《中华人民共和国道路交通安全法》《道路运输条例》《旅行社条例》及其他相关法律、法规的规定，就旅游接待用车事宜，甲乙双方经友好协商，自愿达成如下协议：

一、甲方的权利和义务

1. 甲方应是经道路运输管理机构批准取得相应旅游运输资格且有效存续的企业法人。

2. 甲方应按照乙方要求提供车辆，所提供的车辆应年检合格且技术等级应达到交通部规定的一级车况等级要求，并具备完备的营运手续。

3. 甲方提供的车辆必须已经投保，投保险别必须包含但不限于：交强险、第三者责任险以及每座不低于人民币____元的车上____人员责任险。

4. 甲方所派驾驶员应符合交通行政主管部门规定的旅游客运驾驶员条件，驾驶员应严格按照乙方游团队运行计划提供服务，服从乙方委派的导游按照团队运行计划做出的安排，未经乙方同意，驾驶员不得搭乘他人。不得在车内吸烟，不得在开车时接听电话或做其他有害于行车安全的动作或行为。

5. 甲方保持车内设施（如电视、空调、音响、窗帘、座椅、每个座位上的保险带等）完好，可供正常使用，并提供优质服务。

6. 乙方旅游团队人数超过车辆核定的载客人数或乙方委派的导游私自增加游客人数以及乙方团队出行计划违反了道路运输安全管理规定的，甲方及其委派的驾驶员有权拒绝承运。

二、乙方的权利和义务

1. 乙方应是经旅游行政主管部门批准依法成立且有效存续的具备旅行社业务经营资格的企业。

2. 乙方应负责安排好驾验员的住宿，乙方委派的导游员应提醒甲方的驾驶员充分休息，确保旅游团队的运输安全。

3. 车辆在运行途中发生故障____小时以内不能修复的，乙方有权要求甲方就近安排相同或相近类别的车辆接替。甲方无法安排接替车辆时，乙方可自行组织车辆，所产生的费用由甲方承担，但不得超过约定运费的____%。

4. 乙方经与甲方协商，可临时增加或减少用车时间，由此导致车辆费用增减的，按双方约定办理。

三、派车流程

1. 乙方应当在用车起始日、至少提前____天向甲方发送由乙方盖章或联络人签字的《旅游团队运输合同派车单》，告知需用车信息。

2. 甲方应当在收到《旅游团队运输合同派车单》的次日将经过甲方盖章或甲方联络人签字的派车单发送给乙方，告知供车信息及相应的运费。除非双方另行约定，乙方不承担甲方运输过程中的其他一切费用，包括但不限于道路（含高速公路）通行费、桥梁或隧道通行费、外地车辆过境费或入城费、燃油费、燃油附加费、停车费等。

3. 乙方应当在收到“甲方派车信息联”之日起____日内（包含收到日）将乙方盖章或乙方联络人签字确认的“乙方用车确认联”发给甲方，以此确认本次派车及相应的价格等条件。

4. 如甲方无法按照乙方要求派车的，或乙方不能接受相应的运费，各方应当及时与对方协商，协商不成的，双方均有权取消本次派车安排，并及时告知对方。

5. 上述手续文本的往来可以通过原件形式发送，也可以通过传真形式或电子邮件形式发送。

双方传真号码分别为：

甲方：

乙方：

双方电子邮箱分别为：

甲方：

乙方：

上述信息如发生变更，变更方应当及时书面告知对方。

四、结算与付款

1. 结算方式，甲乙双方选择以下结算方式（请在□里打√表示认可的选择项）：

□按次结算。每次用车结束三日之内支付费用。

□按月结算，支付全部运费。

2. 乙方通过银行转账付款，甲方指定如下付款账号：

账号：

开户行：

账户名：

五、甲方的违约责任

1. 甲方因自变更运输工具而降低服务标准的，退还降低服务标准多收的费用，并向乙方支付约定运费的____%的违约金，提高服务标准的不应加收费用。

2. 甲方提供机关证照、资质不合格的车辆或委派不合格的驾驶人员，或提供没有按约定投保的车辆。

3. 用车安排确定之后，由于甲方原因不能提供车辆的，乙方有权另行安排车辆。甲方应承担乙方为此增加的支出，并承担当次运费____%的违约金。

4. 由于甲方或驾驶员的原因造成乙方经济损失的，该损失由甲方承担。

该原因包括但不限于如下情况：

（1）延误接团时间；

（2）车辆在运行途中发生故障，造成行程延误或旅游团队滞留；

（3）因驾驶员违章驾驶或客车技术状况、装备的问题，造成旅游者人身伤害及财产损失；

（4）甲方委派的驾驶员不按照乙方行程要求提供服务；

（5）甲方所提供服务不符合国家及行业标准或双方约定标准，损害旅游者合法权益的。该损失包括但不限于如下项目：

（1）乙方为此直接支出的费用；

（2）乙方为此向受损害的工作人员支付的费用；

（3）乙方为此向旅游者赔偿的费用；

（4）以及由此引发诉讼而支出的诉讼费及合理的律师费。

六、乙方的违约责任

1. 由于旅游团队原因延误行程计划给甲方造成直接经济损失，由乙方承担。

2. 乙方及其委派导游改变运行计划应征得甲方同意，并承担增加运输里程或时间所产生的费用。擅自改变运行计划的，应承担由此给甲方造成的直接经济损失。

3. 旅游团队人员造成车辆设备、设施损坏的，由乙方承担赔偿责任。

4. 用车安排确定之后，由于乙方原因取消用车，乙方应承担当次运费____% 的违约金。

七、其他约定

1. 车辆运行途中遭遇不可抗力事件（如暴雨、地震、洪水、山体滑坡、塌方等）造成道路中断而需临时改道行驶增加里程所产生的费用，由乙方按____元 / 千米支付；行程被迫中止的，乙方按实际用车情况支付费用。

2. 运输过程中发生交通事故，甲、乙双方应共同配合，做好紧急处理及有关善后工作。

3. 赔偿金或违约金应当在责任确定之日起 10 日内支付，逾期则每延迟一日加付延迟金额 5% 的滞纳金。

4. 甲乙双方依据本合同第三条制作的《旅游团队运输合同派车单》为本合同组成部分。

5. 本合同所使用的“之前”“之后”等表述均包含本日，即起算日为本日。

6. 本合同未尽事宜，双方另行协商。

7. 双方因本合同发生争议的，应通过协商解决，协商不成可以向人民法院提起诉讼。本合同签订地、合同双方住所地法院都有管辖权。

8. 本合同经甲乙双方签字盖章后生效，合同一式两份，甲、乙双方各持一份。本合同有效期为____年____月____日至____年____月____日。

本合同签订地为：

甲方（盖章）：	乙方（盖章）：
法定代表人（签名）：	法定代表人（签名）：
或委托代表人（签名）：	或委托代表人（签名）：
签约日期：	签约日期：

工作任务单 6　阐述旅行社与服务供应商签订框架协议的主要条款。

工作任务 7

签订接待计划

学习过程

一、匹配合适供应商的条件

针对多个服务供应商，计调人员应根据不同线路的档次、路线安排、价格利润等需求，在公司的服务供应商资料库中进行选择，给不同的旅行社产品匹配较为合适的供应商。另外在一个地区，每年度宜选择数家不同类型的供应商，以便对质量和价格进行比较。下面分类列举要注意的方面。

微课：如何匹配供应商?

1. 住宿酒店

一个地区一般有多个住宿可以选择，合适的住宿会使旅游者减少奔波，感觉舒适，使旅途愉悦感提升。找到适合的住宿地点是编排行程的重点，选择时可以从旅游景点距离、类型、价位、区位、利润五个方面考虑。

（1）旅游景点距离。住宿以就近顺路为原则。就旅游者的心态而言，旅游时间宝贵，尽量不要浪费多余的时间在行车路上，所以酒店的位置选择与旅游景点的安排有连带关系，尽量以邻近主要旅游景点或是以顺路为原则。

（2）类型。根据客户喜好不同，选择最适合他们的酒店。如冬天喜欢泡汤的旅游者安排温泉酒店，注重酒店设施的旅游者安排设施齐全的度假村，可以尽情享受设施。有时因为地区住宿资源有限而无从选择，所以在规划时要先与客户进行沟通或声明，加上规划者的专业建议与判断，方能达成美好的住宿体验。以现阶段来说，国内旅游较常安排的住宿类型有：

1）高星级酒店：档次较高，设备豪华，酒店规模较大以及房间数量也多，有些是连锁品牌的酒店，适合安排注重品牌的旅游者入住。

2）中档酒店：规模中等，比较平价，有些平价的酒店虽然设施较少，但客房的整洁与等级也有一定水准，适合安排舒适型的旅游者入住。

3）商务型酒店：通常都位于市区，虽然规模较小也无太多设施，但是都交通方便，适合给晚上喜欢出门逛街、逛夜市的旅游者入住，有些精致品位型的酒店，客房等级也不差。

4）度假酒店：等级和价格都较高，酒店设施齐全，一般距离市区较远，酒店周围配套设施也较少。适宜安排较为悠闲的旅游者入住，搭配该度假村经常推出的优惠套餐，吃喝玩乐都能在里面安排。

5）民宿：国内民宿产业在近几年蓬勃发展，各县市风景区都有许多独具风格的民宿，所以旅游者也会要求旅行社安排时选择民宿。若安排民宿时必须考虑合法性，以及规模客房数是否足够，同一个民宿的客房价位、风格、形态、房间、面积包含装潢都有很大差异，安排前一定要与客户沟通协调，以免现场发生争执。

（3）价位。价格决定利润，建议基于客户需求来决定合适的酒店。若是客户旅游预算高、喜爱有品牌的高级酒店，就可安排知名度高的连锁酒店；若是客户注重性价比，有些价位中等的酒店环境与品质也不差，也能找到合适的酒店。

（4）区位。住宿是安排市区商圈酒店还是郊区的酒店要看旅游者的性质与酒店的特色吸引力，市区夜晚外出活动比较方便，在郊区能感受宁静的夜晚，所以规划者应对各县市及风景旅游区的酒店有充足的了解，综合考虑其他因素来为旅游者做最适当的安排。

（5）利润。虽然利润不是游程规划上的重点，但是要选择对旅游者适合的酒店，旅行社提供的劳务服务就应有合理的利润所得。从开始的协助规划、张罗食宿与出团的全程服务，耗时数周到一个月以上，工作人员需投入大量的心力，并且常常以利润为重要考虑依据。但要注意，并非价位高的高档酒店就一定利润高，有时平价酒店给旅行社的利润反而更高。此外，住宿日期与季节不同，利润也有所不同，假设某地区A酒店临近夜市，逛街方便，而同等级的B酒店位置较为偏远，但每个房间的利润都比A酒店高出许多，旅行社通常使用各种方式来说服旅游者入住B酒店以增加利润。只要不损害旅游者权益，有好的住宿体验与品质，旅游者和企业就能双赢。

2. 交通工具

在旅游行程中，交通分为大交通和当地交通两类。大交通多指旅游客源地到目的地的远距离交通，大多是航空、铁路等。当地交通指承载行车任务的旅游客车，交通工具大部分以大型游览车为主，均摊费用低，也最有经济效益。有些旅游地区因为道路的限制禁止大型游览车进入，这点在规划时必须掌握清楚。

（1）交通选择原则。旅游交通的选择主要从安全、舒适、便捷、经济四个方面考虑。

（2）各类型交通工具选择注意事宜。

1）选择航空公司和票务代理公司时，注意工作配合、付款方式及联络是否便捷，价格是否有竞争力、是否有奖励退款制度、班次与机位能否满足需求等。有中转时注意时间衔接和各段航线航空公司的配合。

2）选择铁路交通时，注意抵达时间与出发时间、列车类型、铺座等级和票额等。

3）旅游客车作为旅游过程中使用最多的交通工具，应注意车型车况、有无独立行李箱空间，这些都会对旅游者乘坐舒适度有影响。

4）较长距离的游程注意交通工具的搭配使用，可以选择飞机去、火车回，距离较远的岛屿不选择客轮而是搭飞机前往，主要用意就是减少交通的时间，以增加景点与活动安排时间，让旅游者感到舒适与悠闲。交通工具的选择也影响旅游成本，所以规划时要考虑旅游者的预算。

3. 餐厅

“民以食为天”，旅游过程中每天都会安排用餐，旅游者通常在游程中很注重餐食的内容，而用餐安排若是让旅游者满意，也是锦上添花的好方法。餐食安排上所需考虑的内容有：

（1）区位。选择餐厅，特别是中午的餐食，以行程中的顺路作为首要指标，除非是有强烈理由一定要专程前往某餐厅用餐，基本上不建议为了用餐而长途跋涉到不顺路的餐厅。

（2）环境。环境是餐厅的门面，要考虑卫生与餐厅的舒适度，以免降低旅游品质。

（3）餐食内容。注意菜色的变化性，避免过于重复。对当地多做了解，游程的几天中安排不同风味的菜色搭配变换，不一定都要十人圆桌，也可以转换为风味餐、套餐、自助式料理、小火锅等方式，让美好的餐食安排成为旅程的重要特色。

（4）餐食自理的安排。有些地区旅游难免会安排餐食自理，如夜市晚餐自理，安排大型主题乐园通常也是午餐自理，自理的好处就是让旅游者不受限餐厅安排，多享受自由乐趣，也节省报价上的支出。但是值得注意的是，若自理时，要确认该地有多种用餐的选择，以免发生无餐可用的情况，像是某国家公园旅游者中心餐饮部只供应单点心与饮料，若中午时分让旅游者来此自理午餐，一定要提前告知，否则容易导致严重抱怨。

（5）餐费预算。很多游客对旅行团餐的评价是"只言吃得饱，吃好是奢望"，旅游团餐成了国内旅游行业一大令人诟病之处。《中国旅游报》曾联合搜狐社区开展"旅游团餐"网络调查，调查显示，近80%的受访者对旅游团餐不满意，同时，仅有15.25%的受访者表示不愿为提高团餐质量而支付更多费用。

旅游行程中的团餐大部分是桌餐，价格不等，建议除了形式多样外，至少一餐要提高餐标，不能客户回访时说餐餐都很差，至少要有可圈可点之处。

4. 同业代理商的选择

（1）考虑公司规模与管理品质。包含旅行社的经营能力、在旅游资源和当地旅馆、航空公司及相关服务方面的议价能力、旅游者的调度能力、导游人员的数量等。选择境外代理商也会衡量其公司中中文导游的多寡、对国内游客和旅游市场的了解程度及适应度等。

（2）报价和服务品质。价格永远是主要的因素，出境业务在汇率不断变动下，以何种币制来结算？付款的期限如何？是否能提供利润共享制度等？

（3）组团社与代理商的匹配度。代理商如果在国内批售市场占有率过高，业务量大且操作娴熟，但应变性不强，追求品质的特殊团体业务交给他们代理未必是最好的。

学习情境四

二、向各服务供应商询价时的注意事项

微课：向供应商询价的注意事项

旅行社与服务供应商签订框架协议后，为每个团队采购的时候，会根据旅游团队相关信息对各个服务供应商进行询价，询价注意事项有：

1. 住宿

（1）按照组团社（含境外社）对于入住酒店的要求，筛选符合条件的酒店询价。同一级别的酒店注意地理位置、房间类型、基础设施、管理水准、人员素质、周边环境等方面的差异对价格的影响。

（2）掌握酒店各时节执行的价格类型、房价是否含餐、餐为中式或西式、陪同的房间标准价格及结算方式、旅游者加床价格等情况。

（3）选择酒店后确认团队抵达期间是否有空房。

2. 交通

（1）火车、飞机等交通工具应注意车次等级、铺座舱级价格差异。

（2）汽车应根据大致路线、用车大小、车型要求询问价格。

3. 用餐

根据旅游团队对旅游行程中用餐次数、用餐标准询问用餐费用及基本餐单。

4. 景区（点）

（1）按照与景区（点）签订的合作协议，应充分考虑景区（点）门票对于散客、团队及学生、儿童、老人、残疾人等特殊人群制定的价格政策。

（2）应确认与行程相关的索道、景区（点）交通、园中票等费用。

5. 购物

（1）明确购物商店的类型、名称及时间。

（2）须与旅游商店签订协议书。协议书应明确旅游购物店与接待旅行社应尽的义务，明确商品的类型，经济收益上的分配比例等。

6. 娱乐

（1）了解娱乐项目的内容，确认费用。

（2）确定对于散客、团队及学生、儿童、老人、残疾人等不同对象适用的门票价格。

（3）明确旅行社通过何种方式（电话、传真或其他）预订文艺节目票。

（4）如果需要，可与相关单位洽谈为旅游团（者）提供包场演出、送戏上门等事宜。

三、签订接待计划的要求和注意事项

1. 签订接待计划的要求

（1）服务供应商应提供的具体服务内容和服务标准；

（2）具体结算价格、币种、结算方式及时间；

（3）双方签字盖章确认。

2. 签订接待计划的注意事项

（1）酒店。团队订房单须确定房间类型结算价、房间数量、入住时间、离店时间、付款方式、旅游者国籍、名单（需要时）、带团陪同人员姓名、联系电话、陪同人员人数、陪同房价、早餐方式（地点、标准）、有无特殊要求等内容。

（2）餐饮。应与定点餐厅签订合作协议。接待计划应明确餐费标准、基本菜单、结账方式、酒水的结算方式等。

（3）交通。预订汽车服务应注意汽车正座数、车型、车况、品牌及性能、司机服务规范、营运手续、价格及结算方式。

（4）景区（点）。旅行社应按照景区（点）要求发送预订接待计划，通知景区（点）旅游者人数及带团导游信息。查看团队有无特殊人群需凭特殊证件进入景区，如有应提前通知景区（点）并提醒旅游者携带。

（5）购物。应选择有资质、有信誉的购物商店，严格按照行程内注明的购物店类型、名称和时间安排购物。

（6）娱乐。了解娱乐项目是否需要提前预订，按照对方预订要求操作。

四、传真文件要求

旅行社与服务供应商的业务往来一般以传真的形式完成，如果使用得当，传真也是具有法律效用的。

传真文件应达到以下要求：

（1）须使用公司统一形式的信函，具备公司标识、全称、地址、电话等信息；

（2）应标明发件人姓名、联系电话、传真号码；

（3）应标明收件人单位名称、联系人、联系电话、传真号码；

（4）发文内容；

（5）传真机设置时间须准确；

（6）发送传真后应确认对方是否收到，提醒对方及时回复。

工作任务单 7　简要概括接待计划有哪些要素。

学习情境五

车调小张要向车队发送周末订车计划，他将如何操作呢？

工作任务 8

签订用车计划

学习过程

一、常用旅游车的车型

车调进行订车操作的时候，必须根据游客人数和用车要求调度车辆，知晓常见的旅游车的品牌、正座数、有无行李箱等。可参考表 2－2。

表 2－2　常用旅游车类型

常用车型	品牌	正座数	注意事项
商务车	别克、奥德赛等	7	无行李箱
小型客车	金杯、依维柯、金龙、考斯特等	9、15、18	
中型客车	金龙、宇通等	19、28、33、37	有车载电视，车门有一个，有外置行李箱
大型客车	金龙、尼奥普兰、青年、中通、沃尔沃等	45、49、53 等	有车载电视，车门有一至两个，有外置行李箱

二、用车服务的价格的相关因素

各家车队的服务质量、运营成本不一，相同路线的车辆服务价格会有所差异。另外车辆服务的价格还会和车的型号、品牌、车辆的新旧程度、运载距离和运行时间等因素有关。

三、旅行社和车队的合作方式

旅行社对旅游车队要多方选择、重点培养，建立长期、稳定的合作关系。要用车时，计调人员可根据本次旅游团队的特点和要求，综合考虑各种因素，选最合适的旅游车队作为服务供应商。

旅行社在选择合适的车队后，需要与车队签署采购合同。旅行社的采购是小而重复的内容，所以合同大多由框架合同和订单合同两部分组成。框架合同一般是年度协议，约定的内容是大方向的合作，明确双方的企业信息、合作范围和权利、义务等；订单合同是框架合同下的具体细化，包括旅行社每次根据旅游团队的具体用车需求与车队确认的用车信息及结算金额等内容。

四、旅行社安排车辆时的注意事项

在选择合法车队后，具体安排车辆时需注意车辆是否具有合法的营运资质、车型是否合适、车况是否良好、价格是否合理、司机的驾驶技术和服务规范是否达标，处理好正座数与乘坐人数的关系等。

1. 车辆的营运资质

按照我国对营运客车的相关规定，旅游用车应有道路运输管理部门颁发的“包车客运牌”，俗称“包车牌”。包车业务是指道路运输管理机构对从事包车客运申请的经营者根据其经营资质、开业条件及当地的包车客运市场实际情况做出的许可。包车客运牌分为省际包车客运牌、市际包车客运牌、县际包车客运牌，省际、市际、县际指的是允许客运经营者所从事包车客运的经营范围。

2. 小型车要注意行李安置空间

计调团队安排小型车时，注意飞机、火车接团且行程为 2 日以上的团队，客人大多携带行李箱，不建议行李箱放置在客车内，应安放在旅游车下部的行李舱内。如果安排的小型车辆无单独存放行李的空间，一定要预留 1 ～ 2 个位置放置行李，并注意摆放及捆绑，防止滑倒。高档团队建议单独安排行李车，如无法安排行李车，也应预留位置安放行李。

3. 正座数一定要大于乘坐人数

如果接待的是欧美客人，体型比较宽大，或是摄影团，携带器材比较多，都要预留一定比例的空座。

另外注意乘坐人数包含工作人员，特别强调导游的座位，国家旅游局与交通运输部 2016 年 4 月联合下发的《关于进一步规范导游专座等有关事宜的通知》要求：

（1）旅游客运车辆须设置“导游专座”。“导游专座”是指旅游客运车辆在提供旅游服务时，为导游人员设置的专用座位。“导游专座”应设置在旅游客运车辆前乘客门侧第一排乘客座椅靠通道侧位置；旅游客运企业在旅游服务过程中，应配备印有“导游专座”字样的座套；旅行社制定团队旅游计划时，应根据车辆正座数和团队人数统筹考虑，游客与导游总人数不得超过车辆核定乘员数。

（2）旅游客运车辆须确保车内逃生通道顺畅。自 2016 年 8 月 1 日起，新进入道路运输市场的营运客车不得在车厢内任何位置设置折叠座椅，在用营运客车的折叠座椅不得使用。各级交通运输部门在开展客车等级评定时，不再对客车折叠座椅进行核定。车内通道不得堆放行李或其他障碍物，逃生装置要定期维护、标识清晰，确保可以正常使用。

（3）旅行社及旅游客运企业需加强对导游和司机的安全教育。旅行社应要求导游熟悉旅游行程计划，在车辆启动之前与司机充分沟通行车路线、停靠站点等，避免在行车过程中影响司机正常驾驶；导游应自觉系好安全带，避免站立讲解，并配合司机督促游客系好安全带。旅游客运企业应督促司机严格遵守道路交通安全和道路运输管理法律法规，不超员、不超速，安全文明驾驶，行车之前播放《游客安全乘车温馨提示》宣传片，提醒游客阅读安全须知，提高安全意识。

五、旅行社计调在接到用车计划后的处理方式

1. 分析用车计划

接到旅游团队的用车计划后，计调人员应仔细研究不同类型旅游团队的特点，查看人数、车型、车况、车价等要求。

2. 选择车队及车辆

计调人员可根据订单要求以及合作车队的信誉档案、司机队伍、用车价格等选择该团队的合作车队及车型。

3. 预订车辆

计调人员选择合作车队后，向合作车队提出具体的用车要求。以传真或电话方式向合作车队告知用车要求及确认价格，通报旅游团队的旅游活动日程，以便旅游团队在车型、驾驶员配备等方面做好准备。

4. 书面传真确认

根据人数、要求安排用车，以传真方式向车队采购交通服务，发送用车计划单，即订车单，并要求对方书面确认。用车计划单见表 2－3。

表 2－3　用车计划单

收件人（To）：张 ×	发件人（From）：方 × 玲
单位：杭州 ×× 车队	队单位：杭州 ×× 旅行社
电话：888××888	电话：1377××××874
传真：888××666	传真：××××××××

张经理：

你好！烦请安排我社本周末（团号 NCN20210416la02A）用车服务。

4 月 9 日下午 5 点我们将从中山北路 ×× 出发前往临安，宿临安。第二天上午 8:30 集合前往神龙川景区，下午 2 点从神龙川返回出发地。

请预订一辆 45 正座的空调旅游大巴车。

费用：2 300 元（全含、挂账）

烦请安排！请确认回传。

车队操作人确认：	旅行社操作人确认：
车队盖章	旅行社盖章
年　月　日	年　月　日

备注：

1. 保证所提供的车辆、司乘人员必须符合国家行业合同约定的规定要求。
2. 确保车辆车况良好，司机驾驶经验丰富，熟悉沿途及路况，待人礼貌，服务热情，保证车内卫生以及话筒、空调、电视的质量。
3. 如行程有变更、取消，应在出发前两天通知对方，造成对方损失的，双方协商解决。
4. 所订车辆在旅行社看车后一经确认，车队不能随意调换，否则造成的损失由车队全部承担。
5. 如行程中车辆出现问题，车队应及时采取补救措施，造成损失，车队负全责。
6. 司机住宿标准等同导游员。

合作车队接到旅行社用车计划单后要回传确认。合作车队应在回传的用车计划单上盖章并由授权代表签字确认。如合作车队收到后对用车计划单有做修改的，必须通知旅行社。

5. 行前查验

合作车队应在旅行社用车前，向旅行社发送符合要求的“用车计划单”及加盖车队公章的车辆证件、司机证件复印件等，供旅行社存档备查。

出发前，计调人员要核实车辆落实情况，再次确认所用汽车的车型、司机的姓名及联系方式等情况，提醒合作车队注意事项。查验车辆保险单据、车辆营运证及车队出车路单，核对服务价格及付款方式。

六、用车计划单确认后发生变更的处理方式

旅游团队在出发前会出现人数增减、行程变更或是取消等情况，用车计划单确认后发生变更，计调人员要及时通知车队，并发送用车变更单，并以收到回传为准。用车变更单样表如表 2-4 所示。

表 2-4 用车变更单

收件人（To）：张 ×	发件人（From）：方 × 玲
单位：杭州 ×× 车队	单位：杭州 ×× 旅行社
电话：888××888	电话：1377××××874
传真：888××666	传真：××××××××

张经理：

您好，感谢贵单位的支持，我公司的用车计划有所变动，现将更改单发送给您，请确认回传。感谢！

团号	变更事项	原定内容	变更事宜
NCN20210416la02A	正座数	45 座旅游汽车	35 座旅游汽车
	费用（元）	2 300	2 000

车队操作人确认：	旅行社操作人确认：
车队盖章	旅行社盖章
年 月 日	年 月 日

七、用车后的费用的结算方式

用车结束后，旅行社与旅游车队按照事先达成的协议及相关收费标准，及时结算用车费用并做好售后服务。

旅行社用车费用的结算通常有每月结算一次、一团一清等方式，具体方式由旅行社根据用车协议决定。如约定每月结算一次的，双方在每月约定日之前核对上个月“订车单”及服务费，按照结算日期和核对金额结算。如约定一团一清的，使用旅游车辆结束后，双方根据约定期限与结算方式结算费用。车队应提供运费定额发票，旅行社收到发票后在约定时间内付完尾款。

八、用车后还需要做的工作

计调人员要将订车计划和传真件作为原始资料归档收存，建立档案袋，以便查阅，为今后合作积累资料。

在旅游团队游览过程中，计调人员应关注旅游车车况及司机服务等情况。

旅游团队结束后，计调人员要根据游客意见单对交通服务的反馈信息，做好该团队用车情况的总结，作为以后合作谈判的依据。

微课：采购车队流程

GB/T 26359—2010 旅游客车设施与服务规范

拓展资料

【连线企业】旅行社服务采购合同样例 3

订车协议单

（由杭州万豪旅行社提供）

杭州万豪旅行社有限公司 HANGZHOU WANHAO AGENCY CO.,LTD

订 车 委 托 书

收件单位：联众客运		发件人：万豪一[illegible]	
收 件 人：孟队长		传 真：[illegible]	
电 话：		发件日期：[illegible]	
团 号 [illegible]3TD-26		车型及车座	别克商务
旅游日期	[illegible]	车 价	[illegible]

旅游线路：萧山机场接机，提前半小时到达，航班号 2P2741

特别约定：

1. 保障车辆及行驶安全；
2. 车辆需有省、市及旅游管理部门颁发的营运证；
3. 司机需为培训合格上岗人员。

备注：

请告知司机名字、电话、车号，烦请回传确认！谢谢！

杭州联众客运有限公司

杭州万豪旅行社有限公司 业务专用章 (3)

图 2-1　订车协议单

工作任务单 8　结合本模块学习情境的订车要求起草订车单。

知识梳理

订车业务操作流程

旅行社采购服务供应商，首先应考评供应商资质，其次与供应商签订框架合作协议，然后根据旅游业务情况，制定采购协议，购买相关服务。下面以操作订车业务为例，展示旅行社与车队在签订框架协议后采购服务的工作流程。

一、流程图

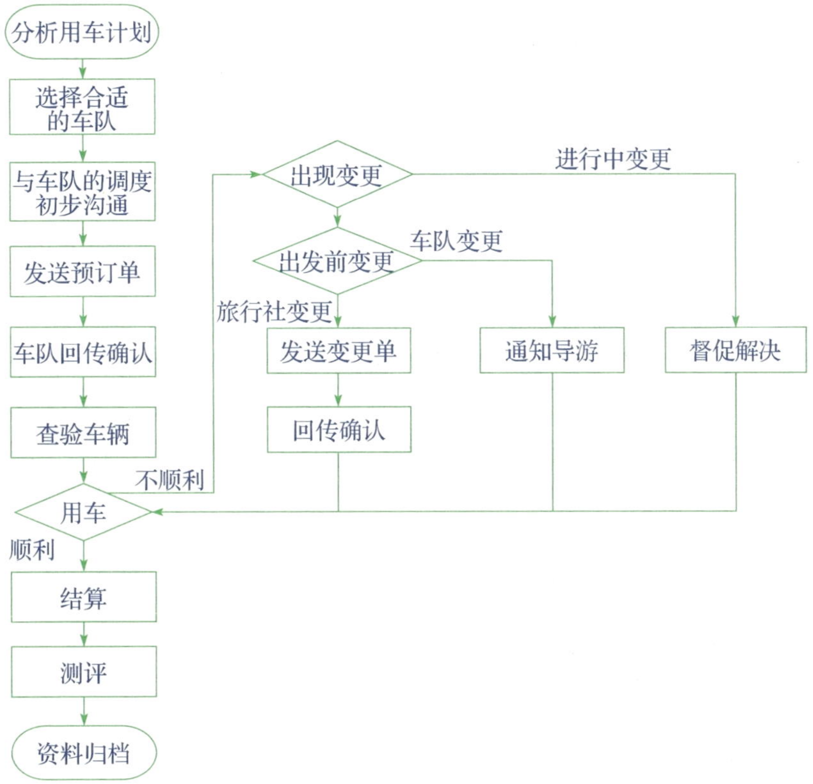

图 2－2 订车业务操作流程图

二、操作步骤

1. 分析用车计划

计调人员接到用车计划后，应分析客户类型，仔细查看游客人数（含儿童占座）、陪同人数、路线，有无对车型、车况、车价等方面提出要求等内容。

2. 选择合适的车队

根据用车计划的要求，从车队的信誉、规模大小、管理规范、服务质量和车价等方面选择合适的车队。

3. 初步沟通

向合作车队提出用车计划，沟通日程、车型、价格等信息，确认车辆及价格。

4. 发送预订单

编写用车计划单，注明用车的时间、地点、价格等信息，常常以传真的形式发送给车队。

5. 车队回传确认

车队回传确认用车单，双方签订采购车辆服务的订单合同，明确团号、团队情况、接团日期、地点及时间、行程、团队结束时间和地点、车价、车型、付款方式等信息。双方经办人签字，并加盖业务章。

6. 查验车辆

团队出发前，有必要查验车辆设施设备、保险、营运资格等信息，交换司机与导游的信息、联系方式。

7. 出现变更

（1）团队出发前发生变更。在与车队确认后，应客人需求而改变用车时间或车辆型号，应及时与车队沟通。如果车队能满足变更需求，发送用车变更单并请车队确认回传。如果车队不能满足变更要求，发送用车计划取消单，损失按照合同约定或双方商谈赔偿。

出发前因车队方改变车辆信息，应及时回传确认并通知导游。

（2）团队行程中发生变更。行程中的变更有车辆出现故障、行程路线超公里运行等情况。发生变更的第一时间应及时与车队沟通，如需更改费用，应与车队签订变更单并确认。

8. 结算

旅行社与经常合作的车队往往是定期结账，应及时与车队核算费用，提供当期的用车明细给财务，方便财务将车费分摊到各团，并在合同约定的结账时间内与车队完成结算。

9. 测评

计调人员应建立动态的评价体系和供应商退出机制，选择优秀的车队供应商为长期合作伙伴。

10. 资料归档

整理订车的相关原始资料并登记存档。保存期限为最少两年，便于以后查询。

思享园地

1. 阅读以下文献，思考旅行社在旅游供应链中的地位变化。

孙伶俐. 旅行社在旅游供应链中的地位演化及其策略分析［J］. 物流技术，2013，32（11）：203-205.

2. 旅行社为什么要增强旅游供应商的管理？如何加强与其的合作？

［1］王雪莲. 旅行社供应商管理探析［J］. 东方企业文化，2014（09）：174-175.

［2］吴丹. 面向旅游产品开发的旅行社供应商管理研究［J］. 江苏科技大学学报（社会科学版），2012，12（03）：94-98.

旅行社在旅游供应链中的地位演化及其策略分析

旅行社供应商管理探析

面向旅游产品开发的旅行社供应商管理研究

03

学习模块三

旅游产品设计

- 工作任务9　认识旅游产品
- 工作任务10　研发旅游产品
- 工作任务11　发布旅游产品

学习模块三

旅游产品设计

学习目标

知识目标

1. 熟悉旅游产品的类型
2. 知晓旅游产品发布的规范

技能目标

1. 能基于不同类型的客户需求编排旅游产品
2. 能使用分项计价法进行成人的成本计价
3. 能编写旅游产品说明书

素养目标

1. 培养踏实严谨的职业态度
2. 培养学生热爱祖国、热爱家乡悠久历史和灿烂文化的情感
3. 树立保护、弘扬中国文化传统意识，体会中华民族所具有的开放胸怀、创造精神和文化自信

思维导图

旅游产品设计

学习情境	工作任务	工作任务单
小李刚刚应聘旅行社的产品研发岗位，主管请他回答：旅游产品有什么特点?	认识旅游产品	在各大旅游网站中寻找两种旅游产品类型代表，并针对客户群体特征分析产品亮点
建党100周年之际，旅行社要设计一日的党员教育活动产品，你们将如何工作呢?	研发旅游产品	销售撰写报价需求单 讨论确定产品主题 合理编排旅游行程 提炼产品亮点，凝练产品名称 核算直接成本 产品报价
编排行程、核定价格后，发布旅游产品有哪些要求呢?	发布旅游产品	分析旅游产品说明书的构成及各部分的作用 针对本模块中你们拟定的客户，完善周边游产品说明书

学习情境六

小李刚刚应聘旅行社的产品研发岗位，主管请他回答：旅游产品有什么特点？

工作任务 9

认识旅游产品

学习过程

一、产品

在现代汉语词典中，产品的定义有两种：

（1）农业或工业生产（加工）出来的成品。

（2）能够供给市场，被人们使用和消费，并能满足人们某种需求的任何东西，包括有形的物品、无形的服务、组织、观念或组合。

二、旅游产品

广义定义：旅游产品是经过精心策划、特别包装、具有品牌理念及服务的旅游产品。

狭义定义：旅行社向旅游者销售的以旅游吸引物、旅游设施和策划安排为主要构成的旅游线路或项目，以及附着其上的交通、住宿、游览、导游或领队等配套服务。

本书以广义定义为主。

三、旅游产品与旅游线路

旅游产品与我们经常提及的旅游线路是不一样的，主要体现在：

1. 定义不同

旅游产品是经过旅游专业人员精心策划、特别包装，具有品牌理念及服务，具有独特性的旅游创新商品。

旅游线路是旅游工作人员编制的旅游者从始发地到目的地的过程中游览、停留的点和行走的路线。

2. 表现主题不同

旅游产品的表现形式为各种主题。例如：美食、摄影、节庆、亲子、滑雪、登山、岛屿度假、红色之旅等。

旅游线路有天数（一天、五天）、距离（长线、短线）、范围（国内、出境）等形式。

3. 产生方式不同

旅游产品是整合提炼旅游吸引物，体验当地最有特色的行程和内容。

旅游线路是批发商或地接社提供的大众化线路 + 利润（大交通）后加以推广的线路。

四、旅游产品的特点

就其根本性质而言，旅游产品属于服务性产品。综合考虑大多数服务性产品所共有的基本特征和旅游产品的独特情况，旅游产品有以下特点：

1. 旅游产品的综合性

旅游经营者出售给旅游者的旅游产品，通常是包括食、住、行、游、购、娱在内的综合性产品。旅游产品的综合性是由旅游活动的性质和要求决定的。旅游是一种综合性的社会、经济、文化活动，其主体是旅游者。同时，旅游者的需求是多方面的，不同旅游者的需求是有差异的。在市场经济条件下，旅游业经营者经营旅游产品是为了通过满足旅游者的多种需求而获取利润。因此，旅游产品包含的内容十分广泛，既有物质的又有精神的，是一种组合型产品。

2. 旅游产品功能上的愉悦性

旅游者购买旅游产品，通过愉悦感官，求得心理上的美感享受，陶冶性情。旅游产品的效用就是满足人们旅游愉悦的需要。因此，人们普遍将旅游看作一种经历，这种经历是从访问旅游地的打算和制定旅行计划开始的，包括前往旅游地和离开旅游地的路程，以及在旅游中的活动，最终形成旅游的整体印象。

3. 旅游产品空间上的不可移动性

旅游产品的不可移动性表现为旅游产品进入流通领域后其产品仍固定在原来的方位上，旅游者必须亲自到旅游产品所在地进行消费。旅游产品固定于一定的空间，几乎所有的旅游地点都是确定不变的，而且往往是在远离旅游者的某个空间位置上。在旅游活动中，发生空间转移的不是旅游产品，而是购买旅游产品的主体——旅游者。旅游产品的流通不是以物流形式出现的，而是以其信息传播的形式出现的，因此旅游企业就不可能像其他企业那样将旅游产品通过运输的手段实现异地销售，必须是旅游者根据需要亲自前往旅游产品的生产地进行消费。这样，旅游产品吸引力的大小就成为旅游企业经营成功的关键。

4. 旅游产品生产与消费的不可分割性

一般物质产品的生产过程和消费过程是可分离的。这种分离性表现在时间上是可以有差异的，今年生产，可以明年消费；在空间上也可以是有距离的，甲地生产的产品可到乙地消费。旅游产品的生产（或经营）和消费常常发生在同一时空背景下，生产和消费密不可分，往往处于一个过程的两个方面。旅游产品在生产开始的同时，消费也即刻启动，消费结束时生产也不再进行。旅游产品的生产者与消费者直接发生关系，旅游者只有而且必须加入生产的过程中，才能最终消费旅游产品。

5. 旅游产品时间上的不可储存性

旅游产品不能像一般商品那样可以被有效地储存起来，以备将来出售。旅游者购买旅游产品后，旅游企业在规定的时间内交付有关产品的使用权，一旦旅游者不能按时使用，就必须重新购买，所以旅游消费者只享有旅游产品的暂时使用权。而在此期间，旅游企业为生产所付出的人力、物力和财力资源就是一种浪费。对于经营者而言，销售机会一旦丧失，折旧已经发生，人力已经闲置，资金已经占用，造成的损失永远也得不到补偿。如一间空房，今日未被旅游者占用，这一日里应转移的价值便不可能实现，应该实现的价值就无形地损失了。

6. 旅游产品所有权的不可转让性

旅游产品出售后，转让的仅仅是在一定时间和空间内的使用权，而不是像销售一般消费品那样同时转让所有权。旅游者在购买这种使用权的同时，不仅不能将旅游产品带走，而且要保证在使用期间旅游产品物质和非物质构成的完好无损。

五、预制旅游产品与定制旅游产品

预制旅游产品是由旅行社设计提供、事先制定的，有计划人数、出发日期、线路行程及价格等信息，并用广告或其他方法招徕旅游者而实施的旅游产品。

定制旅游产品是旅行社受旅游者的委托，根据旅游者的需求单独编排行程、报价并提供服务的专项产品及服务，或接待旅行社接受组团社或旅游批发商的委托，落实安排旅游产品。

表 3－1　预制旅游产品与定制旅游产品的差异比较

种类	预制旅游产品	定制旅游产品
参加者类别	公众	某团体
旅游者差异性	较大	较小
费用	平价为主	按团队需求
出团时间	淡旺季明显	按团队需求
产生顺序	先有行程后有旅游者	先有旅游者后有行程
行程特性	景点大众 旅行社事先安排，弹性小 专业程度低，易模仿	景点独特或丰富 旅游者同意的行程，弹性大 专业程度高，不易模仿
风险	旅游者人数不足取消，旅游者不见得适合该行程	旅行社工作人员业务不够专业，旅游者不满意

微课：认知旅游产品

工作任务单 9　在各大旅游网站中寻找两种旅游产品类型代表，并针对客户群体特征分析产品亮点。

学习情境七

建党 100 周年之际，旅行社要设计一日的党员教育活动产品，你们将如何工作呢？

工作任务 10

研发旅游产品

学习过程

一、旅游产品设计

设计是把一种设想，通过合理的规划、周密的计划，通过各种感觉形式传达出来的过程。旅游产品设计需要经设想研发、规划包装、计划推广三个阶段。前期的设想研发利于真正新产品的出现，中期的规划包装利于旅游产品的展现与营销，后期的计划推广对产品的收益意义重大。

二、旅游产品研发要求

1. 品质要求

优异的服务质量和优质的产品内容永远是旅游产品追求的目标。根据国际经验，人均 GDP 超过 3 000 美元时，消费者在追求基本需求之外，会更关注精神需求的满足。我国消费者对于精神需求的注重势必日益增强。旅游者的需求以享受与个性体验为中心，旅游产品要注重创意和服务；从注重开发旅游产品变成注重培育旅游品牌，提高竞争力和影响力。

2. 安全要求

旅游产品安排的目的地应是政局稳定、治安良好、非人畜传染病疫区、无战争的国家或地区，游览景点和旅游设施的安全性要高，避免交通条件不佳或安全设施不足的景点，所安排的行程内容均合法。如交通时间必须符合当地的规定，司机不能超时驾驶、国内凌晨 2:00—上午 5:00 大巴车不能行驶，不涉及色情，不安排非法赌场（境外地区有合法赌场的除外）。

3. 合适要求

旅游产品的编排行程必须根据市场定位锁定目标消费群的购买能力，选择最适合该族群的项目来安排。如果制定预制旅游产品，面对的是普通消费者，将各地最好的旅馆、最好的餐厅都安排在预制行程内，不仅价格会远远高出一般消费者所能支付的范围，而且行走路线也未必是最合理的。

4. 可实现性要求

旅游产品的行程编排一定要注意可实现性。如有的旅游产品在一天的行程中安排了太多入内游览的景点，乍看之下行程非常丰富，但是时间上无法全部参观或者只能走马观花，会造成旅游纠纷或者降低旅游者的满意度。

有的目的地由于季节不同，进入性和观光满意度相差比较大，因此规划者肩负着忠实告知的角色。例如：加拿大落基山国家公园区是前往加拿大西岸游览的主要风景区，夏天道路状况良好，所有景点全部开放，因此时间越长越能够欣赏大山大水的美景；但是冬天道路状况较差，大部分景点关闭或因积雪无法进入，因此停留时间不可太长。

微课：旅游产品的研发要求

5. 风险掌控要求

行程所存在的风险要容易被掌握，或者风险发生时有可替换的安排。如遇到下雪封路，有无替代路线等。

6. 盈利要求

旅游产品必须为企业带来利润，降低采购成本，控制消费成本。

7. 持续改进要求

根据旅游资源和交通情况等的变化，及时调整产品组合，增加产品内涵，提升产品质量。

三、分项计价法

推荐利用分项计价表来计算成人成本单价，在使用过程中，养成“分项写项目、具体列明细”的职业习惯，这样会提高工作效率和准确率。分项计价单举例见表 3－2。

表 3－2　分项计价单

日期	4.6		计价人	常 ××
名称	大清谷两日游		销售	张 ××
序号	项目	价格（单位：元）	备注	
1	车	1 200 × 2 天 /40=60	45 座车一天 1 200 元，按 40 位旅游者计算	
2	门票	学生：20 × 0.5=10	学生票原价 20 元，旅行社打五折	
3	餐	1 × 10+20 × 2=50	1 早 2 正餐	
4	住宿	帐篷：60/2=30	两人帐篷，60 元 / 顶	
5	导游服务	200 × 2=400/40=10	导游服务费 200 元 / 天	
6	其他	烧烤：66 × 6/40=10	一个车配烧烤架 6 个，含烧烤工具，若需要调料、食材另加 90 元 / 人	
		篝火：800/40=20	篝火耗材及场地音响租赁费	
		物资耗材：200/40=5	撕名牌、魔术头巾、小奖品等	
	合计	195		

四、旅游产品的价格构成

旅游产品报价是收取旅游者的费用。大多旅游产品的报价都是成人单价和儿童（不占床）单价。

产品的定价策略有三种思维：企业成本、客户成本和产品价值思维。

企业成本思维一般是在直接成本的基础上，加上公司运营的间接成本（如广告费、房租、人工等）、利润、参考同行的产品价格等各种影响因素制定。简单地表述为：

报价 = 直接成本 + 间接成本 + 影响因素 + 利润

客户成本思维是从游客的角度来看，如果他自己安排这个活动所付出的成本。游客成本至少包括但不限于金钱成本、时间成本、体力成本、精神成本、风险成本等。其中：风险成本是指游客在自己购买后的退订、转卖、降价等风险。

产品价值思维的定价方式，取决于产品创造的价值。同样的产品，在不同客户眼里的价值不同，你要确定将你的产品放在哪个客户的心理账户中。如赶海捕鱼对于渔民是劳作，你要为他付工资；对于内陆客户是旅行体验，他要付你体验项目费用。还有产品的稀缺程度、专业性、产品的极致体验、新的玩法、特殊待遇等，都会影响客户对产品的心理价值。

微课：旅游产品的价格构成

工作任务单 10-1　销售撰写报价需求单。

有经验的销售人员会根据客户的要求编排行程，只需要计调人员给予计价及报价；如果销售人员对于周边游产品不熟悉，应反馈相关信息便于计调人员报价。某旅行社推行标准化流程管理，设计了销售人员报价需求单（见表 3-3），填写后流转计调人员计报价。

各模拟旅行社模拟一类客户类型，从旅行社销售人员的角度填写定制旅游产品报价需求单。

表 3-3　报价需求单

销售人员		联系电话	
客户类型		大约人数	
计划天数及日期		预算范围	
交通方式		食宿标准	
客户特征与需求			
要求目的地或景点			

工作任务单 10-2　讨论确定产品主题。

分析客户对象的特点和需求，分析掌握的旅游资源，确定主要景点，讨论产品主题。

客户画像：
市场上有无适合客户的产品？如果有，有什么特点？如果没有，分析需求和匹配资源。
想推荐的主要目的地，可讨论 2 ～ 5 个，写出推荐理由，查找周边资源。
讨论后选择一个目的地，说明选择的主要原因是什么。

工作任务单 10-3　合理编排旅游行程。

选择资源点，对旅游行程进行编排。根据主要活动内容，查询行驶时间、游览时间，选择辅助景点，确定用餐、住宿等停留点，安排旅游活动的具体行走路线。有环线形或辐射形等行走路线。请针对你选定的客户及需求，编排一个产品的行程概要，并注意时间、空间安排的合理性。

活动地图

工作任务单 10-4 提炼产品亮点，凝练产品名称。

提炼产品亮点和凝练产品名称，并根据活动地图按照时间顺序编排行程的文字版内容，可参照携程网站的地图行程。

时间	内容	餐	住

提炼产品亮点

凝练产品名称

工作任务单 10-5　核算直接成本。

请同学们根据自己安排的大学生班级春（秋）游的行程中所包含的项目，采用分项计价法核算该行程的直接成本，并明确服务标准。

计价项目	列式
直接成本合计：	
服务标准	

工作任务单 10-6　对产品进行报价。

报价	
报价依据	

学习情境八

编排行程、核定价格后，发布旅游产品有哪些要求呢？

工作任务 11

发布旅游产品

学习过程

一、产品包装的作用

包装是将一个项目经过不断地推敲论证，以文字和图片的方式予以营销表述。旅行社产品编排好后，往往需要具备美术功底的营销策划来包装，无论是图片、主题特色、背景、行程文案，都需要包装才能够对消费者产生吸引力。

二、旅游产品说明书

旅游产品说明书是旅行社为了招徕旅游者，用文本的方式对产品进行相对详细的表述。主要作用有：

1. 产品介绍

旅游产品消费者通过阅读旅行社产品说明书，能有效地了解该产品包含的项目和服务标准。

2. 指导消费

旅行社产品说明书需要提示报名要求、安全提示、当地资讯等内容，使消费者清楚地知晓购买该旅行社产品的要求及注意事项。

3. 扩大销售

旅行社产品说明书图文并茂，能达到吸引消费者关注，激发旅游欲望、扩大销售的作用。

4. 彰显品牌

旅行社产品说明书需标识旅行社信息，使企业品牌形象得以直观地呈现，从而达到宣传旅行社品牌的作用。

三、旅游产品的展示形式

有海报、微信推文、网页、视频等多种形式。

四、旅行社产品的包装原则

规划的产品要想受到业务人员与消费者的青睐，必须进行妥善的包装。旅行社产品包装应遵循以下原则：

1. 诚信原则

在包装中使用的图片、词句等都会成为合同的一部分，诚信是第一原则，不能夸大其词、隐瞒欺骗。

2. 透明化原则

旅行社产品都是以文字、图片或视频的方式呈现，因此要用文字表达产品所包含的内容，即透明化原则。重点就是要详细说明游程所包含的内容、费用项目有哪些，如进入哪些景点、是否包含签证工本费、机场税、消费、机场接送等。

3. 具体化原则

旅游属于亲身体验的产品，顾客尚未使用就付出费用，所以包装时要将标准具体化。重点是包含内容的具体等级描述，如住宿酒店的等级、机位的舱级、餐食的内容、交通的安排、游程特色等，让顾客清楚地知道他们的花费可以换来什么样的体验。

4. 诱人原则

旅行社产品包装能够让顾客对于游程有所期待，所以要特别加强对游程特色的描述，最好能做到客户看完文字或图片等信息，就会采取购买行动。

5. 差异化原则

市场上的旅行社产品太多，我们必须用包装来凸显自己与其他产品的差异，吸引顾客的注意，因此，包装时应在醒目的地方展现自己产品独特的内容。

五、旅行社产品说明书的构成

旅行社产品说明书作为招徕客户的主要媒介，是经过旅行社精心策划、特别包装，具有品牌理念、鲜明特色的旅行社产品的展示物。

产品说明书主要由产品名称、正文、附文三部分组成。针对旅行社产品说明书，可分为产品名称、产品特色、目的地资讯、行程内容、价格及服务标准、温馨提示、企业信息七部分。

1. 产品名称

产品名称主要是告知旅游者旅游目的地、天数、产品类型等信息，作用是吸引客户。具有吸引力的产品名称会增加点击率和成交量。例如："还记得鲁迅笔下的孔乙己吗？"绍兴咸亨酒店1晚自由行；极地探索·冰岛十日深度＋一路向北穿冰野＋星辰大海鲸之歌＋极光洒满火山温泉。这两个产品名称不仅说明了目的地和天数，对行程的主要卖点也进行了展示，以达到吸引旅游者的目的。

2. 产品特色

主要是使客户进一步了解该产品的亮点与卖点，加强语气的说辞凸显了该行程的主要特色，配以大量的精美图片，具有一定的广告宣传作用。

3. 目的地资讯

旅游是离开常居地的活动，客户对旅游目的地的了解不够全面，主要作用是使客户加深对目的地的了解。此板块与产品特色往往是旅行社产品设计者文笔功底的展现。

4. 行程内容

行程内容主要是对行程的具体安排说明，是产品说明书的重要部分，主要作用是使客户知晓行程的内容和节奏，要求说明必须清楚。常见的行文方式有列时间表式和日程式两种。

（1）列时间表式。列时间表式也称为“课程表式”，将行程按照课程表的方式展现出来，几点集合，几点游览，一目了然。这种方式让旅游者清楚每个景点的抵达与停留时间，检视每个景点的安排是否匆忙或空洞。这种方式能体现旅行社的专业程度，但存在一定风险，一般在国内行程中使用。

（2）日程式。按照一天的行程安排，包括从早上到晚上要做的事。

5. 价格及服务标准

产品的价格一般应列明单个成人的价格和儿童价格。

服务标准里需要注明费用包含和费用不包含的项目。按照相关的标准要求，费用包含需要列明采用的交通工具等级、住宿规格及标准、餐饮的标准及次数、门票的项目等。

6. 温馨提示

该项中一般包含报名要求、预订须知、安全提示等。

7. 企业信息

企业名称、许可证号、地址、联系电话等。

六、旅游产品说明书的发布要求

按照相关法规、标准的要求，旅行社的旅游产品说明书发布需注意以下事项：

1. 包价旅游产品说明书的内容要求

（1）公司的全称、地址、电话、许可证等信息；

（2）产品名称；

（3）产品的价格及缴纳方式；

（4）产品的限制条件（如人数限制、有效时段、不适宜参加相关活动的群体）；

（5）旅游行程的出发地、途经地、目的地、结束地；

（6）旅游行程中各停留点的路程距离；

（7）旅行社统一安排游览、娱乐项目的具体内容及时间；

（8）自由活动的时间和次数；

（9）需要旅游者另行付费的游览项目及价格；

（10）采用的交通工具及标准；

（11）住宿的地点、规格及标准；

（12）餐饮的标准及次数；

（13）旅游目的地资讯介绍；

（14）安全提示及针对高风险旅游项目的安全保障措施；

（15）出境旅行社产品须提示签证要求及材料清单；

（16）公司及行业部门旅游服务监督、投诉电话。

2. 产品说明书中的不确定因素

对于产品发布时还不能确定的信息，以出团通知单的方式告知旅游者。不确定因素仅限于：

（1）具体的航班及火车信息；

（2）酒店的具体名称、地址；

（3）旅行社紧急情况联系方式；

（4）目的地特别注意事项。

3. 表述要求

（1）表述用语应便于旅游者理解，避免使用专业术语、方言及易产生歧义和误解的用语；

（2）客观地介绍旅游景区（点）和项目的真实称谓和情况；

（3）行程时间均按 1 天 24 小时的全时制发布，在有时差的地区以当地时间为准；

（4）提醒旅游者特别注意事项须采用醒目的方式（如字号加大、字体加粗等）明显标注。

微课：旅游产品说明书的构成

微课：旅游产品说明书的制作与发布要求

拓展资料

LB/T 072—2019 包价旅游产品说明书编制规范

LB/T 073—2019 旅行社旅游产品质量优化要求

常见的旅游产品类型

工作任务单 11-1　分析旅游产品说明书的构成及各部分的作用。

旅游产品说明书的作用：
旅游产品说明书分为几个部分？各部分的内容、作用和要求分别是什么？

工作任务单 11-2　针对本模块中你们拟定的客户，完善周边游产品说明书。

知识梳理

产品设计流程

一、流程图

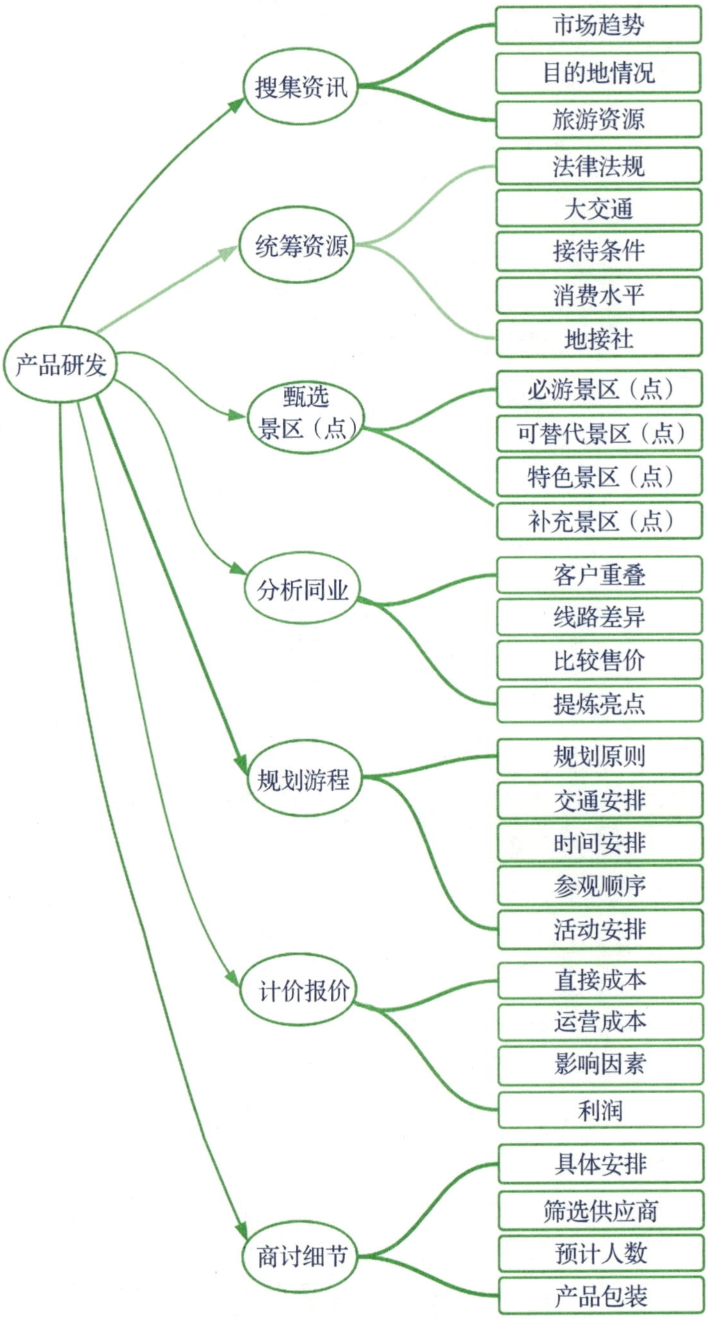

图 3－1　旅游产品研发流程

二、操作步骤

1. 搜集资讯

主要搜集市场趋势、目的地情况与旅游资源等资讯。可通过市场调查、书面资料、影视作品、网络等渠道搜集整理。

（1）市场趋势。关注市场发展趋势，分析客源地客户需求，产品研发必须考虑产品研发后的可实施性。旅游者的心理共性是“求新、求知、求乐”，旅游者就是想通过旅游领略异地的新风光、新生活，在异地获得平时不易得到的知识与平时不易得到的快乐。以公司已有的客户和未来要发展的客户群体分析他们的主要出游需求。

如北京 2022 年举办冬奥会和冬残奥会，你预测滑雪产品肯定受欢迎，这个预测没错，但你开发滑雪产品，要综合公司的客户资源：如果你们公司户外运动消费客户比较多，可寻找专业的滑雪场地和教练；如果你们公司亲子客户多，就找短跑道的、专业水平不一定很高，但场地设施、教练亲和度高的滑雪供应商；如果你们公司大众客户多，考虑是否靠数量争取更大的优惠。

（2）目的地情况。目的地的选择可以是远距离的国家或地区，也可以是具体的某个城市，或者近郊的地点等。主要搜集目的地以下方面的资讯，判断可抵达性和吸引性。

1）安全：本地、目的地、中转地。

2）政治：国家邦交、选举影响、政治安定。

3）经济：国内经济、汇率、生活水平。

4）文化：目的地的独特性和客源的适应性。

（3）旅游资源。旅游资源的资讯搜集主要是对旅游者能产生吸引性的资讯。如按照等级划分为国际级：世界遗产、最大、最小、最完整、最古老……国家级：国家公园、国家保护区、国家级历史文物……另外与名人或名著有关的、历史典故记载的、电影电视拍摄地、宗教圣迹等旅游资源也颇有吸引性。

还有按照资源种类划分的旅游资源资讯：

1）自然资源：已开发 / 有特色未开发。

2）民俗文化：特色性、可接触性。

3）建筑资源：古代、现代、宗教。

4）艺术人文资源：绘画、雕刻、音乐、博物馆、故居等。

5）生活娱乐资源：购物中心、主题乐园等。

6）产业资源：啤酒、钢铁、巧克力、地铁维修、可口可乐等。

7）生态旅游环境教育：自然教育、观鸟、植物、节气等。

2. 统筹资源

（1）法律法规。了解当地对旅游的法律法规和政策，如出境业务须先确认签证内容及申请程序；停留时间限制，出入境规定等须在掌握所有资讯并确认取得签证的可能性之后做行程规划。国内团队要了解对不同人群的价格或奖励政策等。

（2）大交通。查看、选择合适的大交通方式，保证可进入和返回，提高效率，降低成本。

旅游批发商在组团人数上有较大优势，所以包机、控制机位上较容易，中小旅行社在这点上不占优势。当下有部分旅行社借助旅游者在互联网平台订票的优势，开始在目的地组团，不含大交通。

（3）接待条件。主要是当地的治安、交通、住宿、餐饮、公共卫生、游览条件、气候条件、危机处理等情况。

（4）消费水平。餐饮、交通、住宿等当地服务的等级和消费水准，境外要注意与人民币的汇率及流通货币。

（5）地接社。考察、选择当地旅行社的品牌、口碑、操作水平、资源掌控能力、影响力、价格竞争性、服务品质掌控性、财务、信用、付款方式等。

3. 甄选景区（点）

景区（点）包含景区和停留的景点，选择对产品设计至关重要。在产品研发时注意搜集以下四类景区（点）：

（1）必游景区（点）：一定要安排的知名景区（点）。如世界遗产、5A 景区、国家公园等。

（2）可替代景区（点）：根据人群有选择的景区（点）。如老年人喜欢历史韵味，年轻人喜欢体验式项目，爸爸妈妈喜欢给孩子选择寓教于游的内容，户外爱好者喜欢徒步、爬山等。

（3）特色景区（点）：具有浓郁特色的景区（点）。如白族歌舞、新疆葡萄架下吃饭。

（4）补充景区（点）：根据点线适中、松弛有度的原则可增减的景区（点）。因路途辛苦，安排白杨林照相、看路边野湖的芦苇荡等。

4. 分析同业

旅游市场发展迅速，市场红利是分不完的。计调人员在研发产品时，应分析同业的情况，主要从四个方面思考：客户是否重叠？线路的差异在哪里？彼此的售价如何？包含的项目是否相同？考虑强调自己的优点，避免正面冲突。

5. 规划游程

定出景点后，需要把行程中的各个项目敲定，包括航空公司、具体航班、住宿的等级与区域、餐食的种类与位置、当地交通等。

（1）规划原则。在整体规划产品时要注意特殊性、距离性、多样性的原则，在具体编排时要兼顾限制性、匹配性的原则。

1）特殊性：必游景点的价值要凸显，如杭州是双遗产城市，你安排游览西湖和运河两个景点时考虑从世界遗产的角度包装它们的特殊性和稀缺性。

2）距离性：考虑景区（点）之间安排顺序、行走方向、路况、海拔等因素对行驶速度、路程时间有较大影响。行程安排要松弛有度、不赶不累。

3）多样性：保持旅游元素的多样性，每天的行程都有亮点，可以是景区（点）、美食、娱乐等。类似的项目一定要在定位上有差别，如江南水乡路线安排了两个水乡——乌镇和西塘，在描述的时候一定要将两个水乡的不同点说出来。

4）限制性：考虑景区（点）开放时间、进入人群要求、限制人数、事先预订方式、交通工具等限制条件。

5）匹配性：制作品质产品匹配品质资源，如度假产品最好安排海景房、山景房，明确不要内窗房。

（2）交通安排。路线不合适会造成旅程时间的无谓浪费和旅游者的劳累。根据景区（点）位置、地形情况、交通时间、沿线风景来权衡编排行走路线。路线安排有单线式、放射式和环绕式三种。

（3）时间安排。在编排行程时需要注意各停留点之间的交通时间和游玩休息的时间、出发及回程的时间，综合考虑均衡，才能安排出合理的行程路线。

1）交通时间。旅游产品设计人员必须清楚地知晓各景区（点）的地理位置，熟悉各景区（点）之间的交通情况，才能规划出合适的路线。如高速、国道、山区等行车速度会有很大差异，市区道路若遇到堵车难以估算时间。

2）景区（点）停留时间。根据各景区（点）的资源特色、参观方式、适合从事的活动安排、游客的兴趣爱好四个方面，规划每个景区（点）适当的停留时间。

（4）参观顺序。交通时间和景区（点）停留时间的安排是旅行社人员相当重要的能力，而对于景区（点）安排前往的顺序则是一种技巧。“在合适的时间做对的事情”才能体验旅游的乐趣。如杭州西湖的雷峰夕照指的是傍晚夕阳的时候，苏堤春晓的美景“间株杨柳间株桃”是春暖花开的时候才有的。在安排景区（点）顺序的时候，需要注意的因素有：

1）营业时间与休假时间。注意景区（点）的开门时间和闭门时间，避免抵达过早或者进入太晚。博物馆很多都周一休息，遇到公共节假日时可能周一正常开放，延后休息，在行程编排时注意错开休息时间。

2）重要时刻。如海洋公园的海豚表演、观看日出、夜游坐船等都是在特定时刻才有的内容，如因时间安排失误而错过甚为可惜。

3）避开拥挤的人流。假日的博物馆、游乐园往往人满为患，旅游团队比较适合当天开门就入园或避开节假日，避免人潮拥挤降低旅游品质。

4）气温气候与季节性。夏日高温，中午前后适合安排室内景点，户外参观避开烈日当头的时刻。赏花、摘果的活动要注意安排在盛花（果）期，避免无花可看、无果可摘。

（5）活动安排。现代旅游者希望充分享受悠闲的假期，行程安排不能全部是参观景区（点）。把常规景区（点）经过加工变成新产品且能进行更多变化，带领不同旅游者体验旅游的乐趣。即使是旅游者曾经到访的景区（点），也能够在规划者的巧思下有新的体验，这才能体现产品设计的水平。适当挖掘当地特色资源让旅游者亲近，并进行动态的旅游体验会增添行程的丰富性。如参观古镇古村，仅仅是参观和拍照无法满足大部分游客的兴趣，如果安排当地具有风味的擂茶店让旅游者体验制作、品茶，再加上导游带领的寻幽探访的讲解，定会增添行程的愉悦性。

有些地区若有合适的供应商，但是没有现成的套餐活动，建议在合法安全的情况下自行安排。可安排的活动有：

1）物品制作。例如：手工皂、小挂饰、乡村玩具、陶艺等。

2）美食制作。例如：打年糕、擂茶、糖桂花、饼干烘焙等。

3）文化体验。例如：手工扎染、丰年祭、腌制泡菜等。

4）趣味活动。例如：团康游戏、趣味竞赛、篝火晚会等。

5）运动活动。例如：泛舟、溯溪、滑翔机、蹦极、攀岩、沙滩排球、骑行单车等。

6）生态活动。例如：植物导览、观鸟、夜观昆虫等。

6. 计价报价

旅游产品价格由该旅游活动产生的直接成本、公司运营成本、影响因素和利润组成，具体见表 3－4。

表 3－4　旅游产品定价项目表

一级项目	二级项目	三级项目
直接成本	个人成本	1. 大交通：机票（税）
		2. 区间交通：接送机、景区（点）间交通
		3. 住宿：有无服务费、调节基金
		4. 餐饮：服务费
		5. 门票
		6. 保险
		7. 签证费等
	分摊成本	8. 领队 / 导游费用：补助、交通、签证、餐费、保险等
		9. 杂费：行李牌、赠品、旅游手册、单房差
		10. 操作费、说明会或客户需求等其他
运营成本		营业场所场地费用、营业设备损耗、人力成本、通信费、责任险、广告费用等
影响因素		公司营业状况、产品目标、操作风险、竞争者售价、汇率、成团人数、规模经济、采购量、航空公司及机位来源、付费方式、付费时间
利润		经验、比例加成、固定利润等

7. 商讨细节

针对产品的具体行程安排、服务供应商的筛选、预计人数、产品包装等各种细节进行商讨、确定。

思享园地

1. 阅读以下两篇文献，思考旅游产品的发展趋势。

［1］李琤. 上海春秋旅行社：足不出“沪”，讲好城市故事［N］. 中国文化报，2022-01-24.

上海春秋旅行社：足不出“沪”，讲好城市故事

1 月 20 日，《2022 年上海市政府工作报告》出炉，报告中首次提出要“打响上海旅游品牌”。在上海市文化和旅游局局长方世忠看来，“打响上海旅游品牌”前瞻谋划，恰逢其时。2021 年，上海旅游业加速复苏提振，已成为全国都市旅游的首选城市，全年旅游总收入比 2020 年增长了 30%，恢复至 2019 年的八成，超过全国平均水平 20 个百分点，文化和旅游总投资实现 865 亿元，占全社会固定资产投资的 10%。

在前不久召开的全国文化和旅游厅局长会议上，方世忠也提到，2021 年，上海市建成了 100 家“演艺新空间”和 100 个“家门口好去处”文旅民心工程，推动上海旅游节

与“建筑可阅读”破圈迭代，构建了“处处是景、时时宜游、行行可看、人人共享”的美好图景。

方世忠提到的“建筑可阅读”正是上海市春秋旅行社有限公司（简称“春秋旅行社”）在新冠肺炎疫情发生后，主打本地客源深度游的“春秋微游”项目。在不到两年的时间里，“春秋微游”项目历经6次迭代，创新研发出150多种产品，让21万人次从不同角度重新阅读这座城市，微旅游产品也正在成为春秋旅行社旅游板块的新增量。

“做微旅游产品，我们首先革新的是观念。”在上海春秋国际旅行社（集团）有限公司董事、春秋旅行社副总经理周卫红看来，传统旅游人定义旅游就是“在一个时间段，离开自己居住的地方，住宿和游玩在异地”。

“疫情限制了脚步，也让我们意识到要打破惯性思维。城市居民和商旅客人在碎片时间里也有对高品质旅游的需要，用以释放工作压力，发现生活新乐趣。”周卫红表示。

但需求不是产品，一个高质量的旅游产品要对客群进行细分。春秋旅行社在上海经营都市观光巴士10多年，在1.5个小时的观光行程中，游客能直观地看到城市的面貌，但这些建筑和空间背后有什么故事？生活在这座城市中的人们的诗意、休闲的状态怎么样？曾经又有哪些名人与这座城市有过交集？如何用好这个交通媒介，满足乘客需求？

经过调研和研判后，他们发现，不同人群对于城市的兴趣偏好差异明显。

老上海人希望看到城市的新变化；新上海人想要知道纯正的海派文化和历史；中共一大、二大、四大纪念馆早已成为打卡地，但如何才能真正了解到红色文化的精髓；怀旧的群体如何在工业园观察上海曾经的辉煌工业史；年轻人喜欢上海独有的“小资”调性；假期中的学生更倾向于了解与上海相关的航空航天和冬奥故事……

面对新需求，就要创造新供给。6次迭代中，“春秋微游”从单纯走马路的微游和骑游，扩展到了环保地铁游、观光车游、浦江游船游等多个交通方式游上海；游览形式也从单纯的导游说、游客听，扩展到了剧本杀、悬疑杀、难题解密等高参与度模式；文化角度也从听故事、看风景扩展到了看话剧、听歌剧、走进传奇酒店等多种复合文化的享受。除此之外，春秋旅行社与上海各区文化和旅游局深度合作，结合各个公共文化空间和各类公益文化活动，让公益旅游深入人心。

截至目前，“春秋微游”产品好评率达99%，复购率超过10次的游客很多，甚至还有游客为产品的创新和研发主动提供线索和资源。不到两年时间，新推出的微旅游产品达150多种。

2021年6月17日上海市新发布《关于支持上海旅游业提质增能的若干措施》（简称“新12条”）助力上海旅游复苏。其中，实施上海旅游倍增计划和高峰工程，启动两个千亿重大旅游投资项目，推动上海文化和旅游各项发展指标全面恢复性增长。“新12条”注重拓展旅游发展新市场，实施“上海旅游宣推计划”，鼓励企业拓展面向机关和企事业单位、中小学等拓展旅游消费客源市场，提供党建主题研修活动、研学实践教育等服务。

“新12条”中鼓励企业拓展旅游消费客源市场的相关措施，与春秋微旅游全力拓展的本地游客、向城市主人讲好上海故事的做法不谋而合。周卫红表示：“提供党建主题研修活动、研学实践教育等服务也成为2021年春秋微游的亮点和增量。在政策的鼓励下，导游们更加自信，忙碌得更有方向。市场活起来，企业的发展就看到了希望。”

今年，上海还将打造高品质旅游民生。结合城市有机更新和精细化管理，依托上海深厚的文化底蕴，全面实施“道路+”“公园+”“生活圈+”三大文旅工程，打造更多“小而美”的家门口文旅新空间，同时，着力将“一江一河”和“建筑可阅读”打造成为代表海派文化的大IP，以百姓视角，向世界讲述中国和上海的“诗与远方”，让在者舒心、来者倾心、未来者动心。

在这个目标指引下，“春秋微游”还将给市民、游客带来更多随处可见、随手可得、随心可享的文化和旅游特色产品服务，让市民和游客在可参与、可互动的沉浸式体验中感受上海“建筑可阅读、街道可漫步、城市有温度”的美好生活图景。

“春天种子能破土萌发，正是因为经历了寒冬中的忍耐和积累。春秋人厚积薄发，已经做好了准备，为市民和游客讲好上海历史、发展和未来的故事。”周卫红表示，“我们相信，待到跨省游、出境游全面恢复的那一天，与我们一起‘踏街’的游客，一定还会选择同我们一起奔向诗和远方。”

[2]张宇．产品更多元，体验更丰富：旅游企业深耕红色旅游市场[N]．中国旅游报，2022-01-27.

产品更多元，体验更丰富：旅游企业深耕红色旅游市场

日前，中国旅游研究院与马蜂窝自由行大数据联合实验室发布了《中国红色旅游消费大数据报告（2021）》（以下简称《报告》），认为2021年红色旅游进入高质量发展新阶段，红色旅游在核心内涵、市场结构、游客行为、产品创新、目的地发展、融合方式、科技赋能等方面呈现新特征、新趋势。本报记者就此采访了部分旅游企业，多家旅游企业负责人表示，去年红色旅游热度持续升温，“红色+”产品很受欢迎，融合趋势愈加明显。

2021年，适逢中国共产党建党100周年，红色旅游掀起新热潮，参观红色遗址、接受革命传统教育成为百姓出游的重要选项。

市场掀起新热潮

“建党百年激发了人们对红色文化的热情，红色旅游成为2021年关注度最高的文旅消费主题之一，各大小长假红色旅游热度持续攀升。”同程研究院相关负责人分析认为，随着红色旅游宣传不断深入，红色旅游线路不断优化，红色旅游市场份额持续扩大，已经成为旅游市场的重要组成部分。

《报告》显示，参与调查者中，41.7%的游客参加红色旅游的次数达到3次以上，其中，7.1%的游客参与红色旅游的次数超过5次，40%以上的游客经常自主选择到红色景区参观学习。马蜂窝旅游大数据显示，2021年1月以来，红色旅游搜索热度较上年同期增长176%。其中，京津冀红色旅游区、湘赣闽红色旅游区和沪浙红色旅游区的热度增长最高，分别上涨240%、173%和121%。红色旅游作为精神文化消费的重要方式，受到越来越多游客的欢迎。

“寒暑假、国庆节是红色旅游出行高峰，高峰期出行人数占全年总出行人数的45%。”马蜂窝相关负责人表示，2021年暑期的红色旅游出行人数同比增长92%，越来越多的年轻游客在长假期开启了红色之旅。

“为庆祝建党100周年，文化和旅游部联合中央宣传部、中央党史和文献研究院、国家发展和改革委员会推出‘建党百年红色旅游百条精品线路’，以‘重温红色历史、传承奋斗精神’‘走近大国重器、感受中国力量’‘体验脱贫成就、助力乡村振兴’三大主题，将全国的主要红色旅游景区连点成线。这些线路成为人们出行的新选择，也是旅行社行业可以持续深耕的新市场。”中旅旅行相关负责人表示。

“去年，携程发布上线了‘重温峥嵘岁月，追寻红色之旅’红色旅游频道，联动目的地政府，通过点亮中国红旅游地图、建设目的地红色旅游文化馆、发布红色旅游热门榜单等创新传播方式，为目的地打造了强流量传播阵地，扩大了当地红色旅游的影响力。”携程相关负责人表示。

途牛旅游定制游产品负责人李胜文表示，他们非常看好红色旅游市场的前景。“目前我们挖掘出的红色旅游元素非常多元，旅游产品的设计研发资源很丰富，各省市红色旅游的接待质量都比较高，游客对服务也较为满意。未来途牛将逐渐增加面向企业用户和亲子用户的红色旅游定制游服务。”该负责人说。

融合发展成常态

《报告》显示，红色旅游融合发展成为常态，文化、科技、体育、农业、健康等元素为红色旅游高质量发展赋能增效。

携程数据显示，2021年上半年，乡村游订单量同比增长88%，不少乡村所在的城市均在大力发展红色旅游。“从中可以窥见，红色旅游＋乡村旅游正在带动当地文旅产业高速发展。人民群众参与红色旅游的热情不断升高，对于红色旅游产品的需求和要求也在不断提高。”携程相关负责人说。

“红色＋生态乡村”成为游客新宠。很多红色文化资源分布在山清水秀之地，革命遗址、遗迹与当地的自然风光相得益彰，各地将红色旅游、乡村游、绿色生态游等结合起来，打造了新的乡村旅游发展模式。湖南的岳麓山、浙江的南湖、河南林州的红旗渠、江西的井冈山等，通过整合绿色生态资源实现全域发展，既是红色景区，也是休闲旅游胜地。

此外，“红色＋研学”已经成为暑期出游的重要选择之一。“红色旅游持续升温，各地红色旅游景区和爱国主义教育基地纷纷推出系列活动，‘红色＋研学’成暑期旅游市场热门。革命博物馆、纪念馆、名人故居等承载着丰富的革命历史和爱国主义精神，是开展红色教育的实景课堂，深受家长青睐。”马蜂窝相关负责人表示。

“当前红色旅游与扶贫攻坚、乡村振兴、农业多元化等密切结合，已日渐形成了产品丰富、选项多样、独树一帜的特色文化产品，为革命老区振兴赋能，助力脱贫地区巩固成果。”同程研究院相关负责人表示，发展红色旅游既有巨大的社会价值，也有巨大的经济价值，它不仅是重要的旅游细分市场，更是推动红色文化传承、支持革命老区发展的重要抓手。

创意丰富体验好

“去年，文化和旅游部推出百条红色旅游精品线路后，途牛也推出了180条红色旅游线路。在线路产品设计上，除了原址观光，还加入了角色扮演、沉浸体验、户外拓展探险等诸多新形式。”李胜文表示，途牛在做好经典革命主题红色旅游产品的同时，注重主题创新，将大国重器、科技力量、乡村振兴、扶贫助农等内容融入红色旅游产品中。记者在采访中发现，近年来，旅游企业在红色旅游产品开发过程中，越来越重视创新和体验。

针对亲子群体，途牛结合家长寓教于游的诉求，在推出的红色旅游产品中，将红色旅游景点、历史情景再现、现场体验式教学进行了深度整合。“对家长而言，他们更希望与孩子一起，通过走长征路、唱革命歌、吃忆苦思甜饭等方式，让年轻一代铭记峥嵘历史、赓续红色精神。不少家长表示，红色旅游是学校之外不可或缺的‘第二课堂’，在周末或节假日，带孩子在本地及城市周边体验红色之旅，可以赋予假期更丰富的内涵与意义。”李胜文说。

“去年，中国旅游集团‘永远跟党走’红色旅游项目系列活动启动仪式在陕西延安举行，中国旅游集团延安红色教育培训基地正式揭牌。作为集团旗下负责旅行服务业务的全资子公司，中旅旅行在整合集团内部各板块优势资源的基础上，将红色资源与党史学习教育相融合，承办主题党日、教育读书班、党史课程培训等活动，创新性地将‘第二课堂’搬到党的重大事件发生地、中央重大决策部署起源地和总书记工作成长重要地等，如井冈山、延安、遵义、嘉兴、西柏坡、塞罕坝等，助力革命老区乡村振兴。”中旅旅行相关负责人表示。

记者了解到，红色旅游城市及景区在推进红色旅游发展过程中也纷纷推陈出新，将红色旅游与自然资源、演艺、影视、科技等结合，推出一批深度体验游产品，为红色旅游融合发展注入了新鲜血液。“作为年轻用户较多的在线旅游平台，马蜂窝充分发挥平台的作用，致力于提供周全的红色旅游攻略内容，帮助游客高效决策的同时，也激发他们的新灵感。”马蜂窝相关负责人表示，未来的红色旅游市场，年轻一代是消费主力军，可以考虑结合科技等手段，进一步提升体验性产品，如“红色旅游＋游戏”“红色旅游＋动漫”等。

企业参与形式多

由知名导演张艺谋担任总导演的《最忆韶山冲》文艺演出于去年年底在韶山市首演；上海春秋旅游推出红色旅游巴士专线，将中共一大纪念馆、中共二大会址纪念馆、中共四大纪念馆、南京东路以及五卅运动纪念碑串联成线；西安铁路局开行“东方红号”旅游专列，开启红色研学之旅……2021年，红色文化的旅游创新表达方式层出不穷。有业者认为，众多企业的多样化参与起到了积极作用。

同程在2021年年初启动了“百年辉煌，红遍神州”计划，联合全国主要红色目的地、行业协会、大型媒体平台、研究机构等陆续推出红色旅游系列活动，并基于自身的技术优势和平台优势联合全国红色目的地、行业协会等深入探索“互联网＋红色旅游”的发展新模式。“为提升红色旅游目的地的数字化发展水平，我们发起成立了‘红色旅游数字联盟’，特别发布了‘全域通’的红色版，以自动导览、智慧地图、全景VR、3D展品、AI管家、短视频、声音剧、漫画等技术手段将红色旅游目的地进行资源整合，实现了产品线上化。”同程研究院相关负责人表示。

“除了推出相关的线路产品，中旅旅行创新打造红色旅游文创产品。”中旅旅行相关负责人表示，他们推出的《生在红旗下》红色剧本杀是红色旅游资源开发的新尝试，将家国历史与可玩性、互动性充分结合，通过锻造原创文旅产品，助力中旅旅行开拓特色旅游市场，实现高质量发展。目前，中旅旅行已收到多家中央企业咨询定制红色剧本杀产品。

去年，携程启动“旅动中国红——携手共游壮美山河”红色旅游项目，联合红色旅游目的地，携程集团首席执行官孙洁参与拍摄了八集红色旅游专题视频。此外，携程还通过直播、达人、社区话题等形式，宣传红色旅游目的地，弘扬红色精神。

“数字化是红色资源整合和效率提升的重要动力源，将助力红色旅游未来发展。”同程旅游研究院相关负责人表示。

“红色旅游产品在吸引年轻客群方面还需要进一步拓宽思路，未来，途牛将持续聚焦年轻用户的兴趣点，加大力度引入文博、文创、演艺以及影视 IP 等要素，提高红色旅游产品的互动性、参与度、体验度。同时，充分挖掘本地红色资源，在周边游产品里融入更多红色元素。”李胜文说。

2. 阅读以下文献，谈谈文旅融合后，旅游产品如何打造旅游优质产品供给，满足人民群众旅游消费高品质、多样化的需求。

在旅游中感悟中华文化 增强文化自信
——文化和旅游部负责人解读《“十四五”旅游业发展规划》

新华社记者周玮

国务院日前印发《“十四五”旅游业发展规划》。如何满足人民群众旅游消费高品质、多样化的需求？如何将历史文化与现代文明融入旅游业发展？如何保障游客权益、解决不合理低价游等突出问题？围绕大家关心的问题，记者采访了文化和旅游部负责人。

努力解决旅游产品“好不好、满意不满意”问题

问：今天旅游已成为小康社会人民美好生活的刚性需求，是广受百姓青睐的朝阳产业和幸福产业。“十四五”期间，丰富旅游优质产品供给方面有哪些具体措施？

答：“十四五”期间，要加快旅游业供给侧结构性改革，加大优质旅游产品供给力度，努力解决旅游产品“好不好、满意不满意”的问题，不断增强人民群众的幸福感、获得感。

《规划》在五个方面做了安排部署：一是优化布局，提供游客出行新选择。支持各地建设一批山岳、海岛、湿地、冰雪、草原、沙漠、湖泊、温泉、康养等旅游目的地。合理规划建设环城市休闲度假带，为城乡居民“微度假”“微旅游”创造条件。二是树立精品，打造品质旅游新标杆。建设一批富有文化底蕴的世界级旅游景区和度假区。大力发展红色旅游，规范发展乡村旅游。三是顺应趋势，满足城市休闲新需求。打造国家级旅游休闲城市和街区，为群众提供旅游休闲新空间。四是促进合作，共筑创新发展新优势。推进旅游与科技、教育、交通、体育、工业、农业、林草、卫生健康、中医药等领域相加相融、协同发展，形成多产业融合发展新局面。五是筑牢基础，激发市场主体新活力。充分利用好各项扶持政策，切实为旅游市场主体纾困解难，充分发挥各类市场主体投资旅游和创业创新的积极性。

问：消费是经济发展的重要引擎，旅游领域在引领消费、更好地满足人民群众多样化需求方面有哪些新举措？

答：“十四五”期间，要顺应人民群众旅游消费转型升级新趋势，坚持扩大内需战略基点，推进需求侧管理，为旅游消费营造良好的氛围。一是优化旅游消费环境。精心组织“中国旅游日”活动，举办文化和旅游消费季、消费月等活动，推出更多旅游惠民措施。二是拓展旅游消费领域。促进线上线下旅游消费优势互补、融合发展。积极发展夜间消费，打造新型文化和旅游消费集聚区。三是提升旅游消费服务。提升旅游景区、旅游饭店、旅行社等服务水平，着力提升导游服务质量。四是完善旅游公共服务设施。加强交通干线与重要旅游景区衔接。建设一批示范性旅游厕所。加强老年人、残疾人等便利化旅游设施建设和改造。

让人们在旅游中感悟中华文化，增强文化自信

问：进一步推动文化和旅游融合发展，《规划》有哪些部署？

答：文旅融合的理念贯穿《规划》始终，目的是深入挖掘和阐释文化内涵，把历史文化与现代文明融入旅游业发展，让旅游成为人们感悟中华文化、增强文化自信的过程，推动旅游业实现社会效益和经济效益有机统一。

在发展社会主义先进文化方面，加强对代表社会主义建设成就的重大工程项目进行合理旅游开发，深入挖掘其中蕴含的精神内涵。在继承革命文化方面，把伟大建党精神等融入线路设计、展陈展示、讲解体验中，讲好革命故事，让人民群众在旅游中接受精神洗礼、传承红色基因。在弘扬中华优秀传统文化方面，把国家文化公园建设成为传承中华文明的历史文化走廊、中华民族共同精神家园、提升人民生活品质的文化和旅游体验空间，支持博物馆、文化馆、图书馆、美术馆、非遗馆、书店等文化场所增强旅游休闲功能，推动非遗有机融入旅游产品和线路。

查处整治不合理低价游等旅游市场突出问题

问：市场秩序是旅游业的生命线，关乎旅游行业的整体形象，是社会关注的焦点话题，《规划》在完善旅游市场监管方面有哪些安排部署？

答：《规划》提出，依法落实旅游市场监管责任，健全旅游市场综合监管机制，提升旅游市场综合监管和综合执法水平，切实保障游客权益和旅游市场秩序。一是推进依法治旅。完善旅游投诉处理和服务质量监督机制，及时查处整治不合理低价游、线上线下虚假宣传、商业贿赂等旅游市场突出问题。二是加强旅游安全管理。加强节假日等重点时段、重点环节、重要设施设备、重大旅游节庆活动及高风险项目等安全监管。三是提升旅游市场信息化监管水平。构建旅游市场监管业务全量覆盖、监管信息全程跟踪、监管手段动态调整的智慧监管平台。四是推进旅游信用体系建设。依法依规公布失信名单，强化失信惩戒。树立一批诚信典型，探索开展旅游市场信用经济发展试点工作。五是推进文明旅游。整治旅游中的顽疾陋习，树立文明、健康、绿色旅游新风尚。

支持香港旅游业繁荣发展，推动澳门世界旅游休闲中心建设

问：着眼长远发展，《规划》对出入境旅游方面有哪些政策储备和长远考虑？

答：《规划》提出，把握国际复杂形势和新冠肺炎疫情发展态势，加强形势分析和政策储备。一是分步有序促进入境旅游。在全球疫情得到有效控制的前提下，适时启动入境旅游促进行动，出台入境旅游发展支持政策。二是稳步发展出境旅游。相关部门建立畅通工作机制，及时传递信息和共同应对突发事件，在国际人员往来恢复正常的前提下，引导游客做好自我防护，加强对出境游客的引导和管理。三是深化与港澳台地区合作。推进粤港澳大湾区旅游一体化发展，支持香港旅游业繁荣发展，推动澳门世界旅游休闲中心建设。四是深化旅游国际合作。办好中国文化年（节）、旅游年（节），开展多层次对话交流活动。积极服务和对接高质量共建“一带一路”，扩大与共建国家交流合作，打造跨国跨境旅游带。

04

学习模块四

周边游业务操作

- 工作任务12　编制定制产品
- 工作任务13　签订旅游合同
- 工作任务14　周边游业务落实操作

学习模块四

周边游业务操作

学习目标

知识目标

1. 了解团号的制定
2. 知晓旅游合同的分类及构成

技能目标

1. 能够制作导游派团单
2. 会签订旅游合同
3. 能够操作周边游自组团业务

素养目标

1. 构建正确的价值观，坚定政治信仰
2. 构建爱国爱党的基本信念，强化旅游待从业人的使命感
3. 通过合同协议保护相关参与方

思维导图

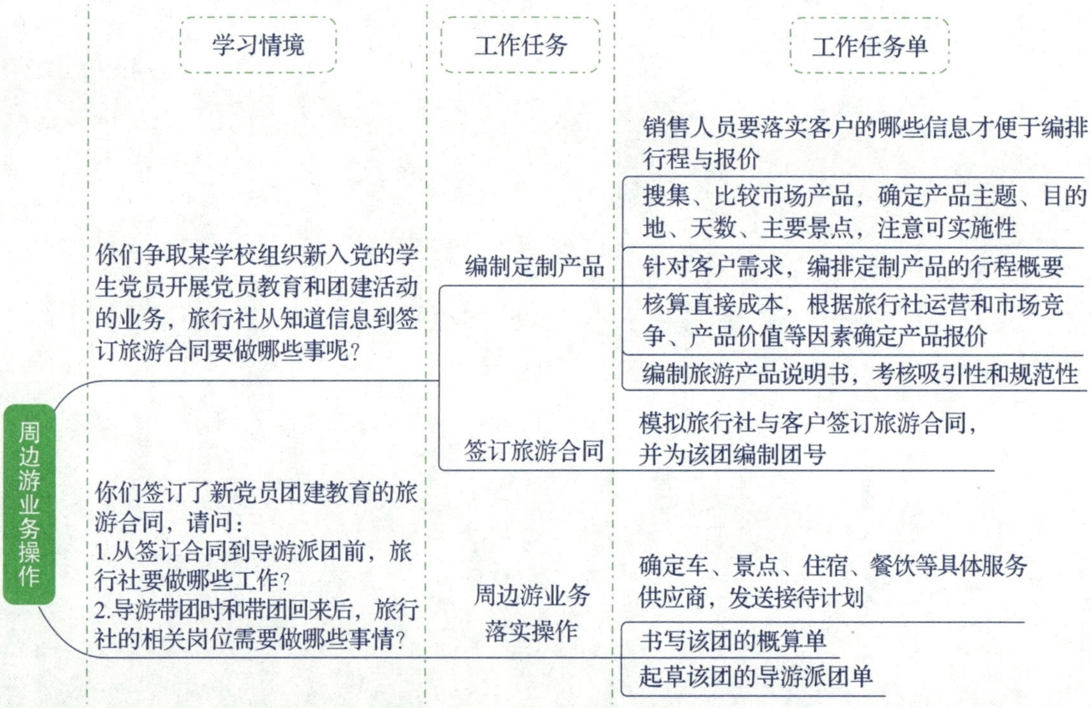

学习情境九

你们争取某学校组织新入党的学生党员开展党员教育和团建活动的业务，旅行社从知道信息到签订旅游合同要做哪些事呢？

工作任务 12

编制定制产品

学习过程

一、周边游业务

周边游是指旅游目的地在客源地周边，游程为 1 ～ 3 天，一般使用汽车为主要交通工具，通常由组团社自己接洽，也可委托地接社采购服务。为教学方便，本学习模块以组团社自己接洽安排的业务模拟展开教学。

微课：了解周边游

二、销售人员为便于编排行程与报价需要落实的客户信息

旅游产品的价格随季节的不同有所差异，另外旅行社在采买相关供应商的服务时，计价单位有差别，如车辆服务按照整车租赁，住宿按照房间购买，而旅游产品的价格报价往往都是单人价格。请根据学习模块三工作任务 10“研发旅游产品”的内容，思考销售人员要落实客户哪些信息才便于编排行程与报价。

三、旅行社获得旅游产品的渠道

旅行社获得旅游产品一般有两种渠道：

（1）市场上比较成熟的产品，各个旅行社均可售卖。有的是从占有资源、数量优势的同业批发商处拿到的现成产品，达成合作意愿后，组团旅行社作为销售终端来售卖。这种方式省时省力，可是容易造成产品雷同、低价竞争。

（2）自己设计开发产品。这种产品的生产需要计调人员具备信息搜集的能力，对旅游资源的吸引力和定位有较深的掌握，同时旅行社投入人力、物力进行考察、产品定位、客户分析、选择供应商谈判、组合、宣传、推销等。故旅行社自己设计开发的产品在市场上具有竞争优势，但也存在投入成本高、风险大、可能被模仿的风险。但从旅行社长远发展看，设计开发产品是旅行社核心竞争力的体现，符合旅游者旅游需求品质提升的发展趋势。

工作任务单 12-1　销售人员要落实客户的哪些信息才便于编排行程与报价？

工作任务单 12-2　搜集、比较市场产品与推广模式等信息，确定产品主题、目的地、天数、主要景点，注意可实施性。

工作任务单 12-3 针对客户需求，编排定制产品的行程概要。

工作任务单 12-4　采用分项计价法核算该行程的直接成本，再根据旅行社运营和市场竞争、产品价值等因素确定产品报价，简要说明报价根据和思路。

工作任务单 12-5　编制旅游产品说明书，考核吸引性和规范性。

工作任务 13

签订旅游合同

学习过程

一、团号

微课：团号的制定

团号是每个旅行社各自为自己发出的团编排的序号，在公司业务运转中具有唯一性。团号根据一定的顺序和方式排列而成，一般由字母加数字组成。各家旅行社编排方式不尽相同，一般由旅行社名称简写、目的地代码、旅游交通方式、出团日期、出团序数等组成。

团号的形成有三种方式：一种是先有团号，后有团队，一般用于预制产品；另外一种组团形成的团号适宜于定制产品，即先有团队，后有团号；还有一种团号适用于地接社接待组团社的情况，称为转接团号，由两部分组成，前半部分为地接社编写，后半部分为组团社团号，便于核对。

二、旅游合同版本

微课：解读旅游合同

旅游合同分为示范文本和备案文本。示范文本由旅游管理部门和工商管理部门联合制定，备案文本是旅游企业按照《旅游法》《合同法》等制定的合同，并报工商管理部门备案后使用。

三、旅行社责任险

旅行社责任险是指以旅行社因其组织的旅游活动对旅游者和受其委派并为旅游者提供服务的导游或者领队人员依法应当承担的赔偿责任为保险标的的保险。保险责任应当包括旅行社在组织旅游活动中依法对旅游者的人身伤亡、财产损失承担的赔偿责任和依法对受旅行社委派并为旅游者提供服务的导游或者领队人员的人身伤亡承担的赔偿责任。《旅行社责任保险管理办法》2010 年由国家旅游局、中国保险监督管理委员会第 35 号令公布实施。

四、旅游意外伤害保险

对旅游者在旅游过程中，因发生意外事故导致旅游者的生命或身体受到伤害而进行赔偿的一个险种。

相对意外险来说，旅游意外险是一种比较有针对性的外出旅游保险。首先，在保障内容上，除普通意外险的身故、残疾、意外伤害医疗、意外住院津贴等保障之外，旅游意外险根据各个险种不同，有航班延误、行李证件损失、紧急救援服务等保障。其次，针对旅游期限不同，我们可以自由选择不同天数的保险期间来投保。其中，短期旅游意外险的保障费用会比长期旅游意外险的保障费用稍低。

五、旅游医疗保险

赴申根国家旅游必须投保的险种，主要用于由于生病可能送返回国的费用及急救和紧急住院等的费用。根据申根协议，必须在申办签证时就提供旅游医疗保险，它在保额、保障期、保障内容方面都有严格的规定。在入境申根国前，所有申请人必须购买并出示医疗保险。

微课：保险业专用术语

微课：旅游的相关保险类型

拓展资料

国家旅游局办公室 2014 年版旅游合同示范文本。查阅地址：http://qualitytourism.cnta.gov.cn/。

工作任务单 13　模拟旅行社与客户签订旅游合同，并为该团编制团号。

旅游合同可选择当地旅行社使用的示范文本。

学习情境十

你们签订了新党员团建教育的旅游合同，请问：

1. 从签订合同到导游派团前，旅行社要做哪些工作？
2. 导游带团时和带团回来后，旅行社的相关岗位需要做哪些事情？

工作任务 14

周边游业务落实操作

学习过程

一、营运证

《中华人民共和国道路运输条例》所说的“车辆营运证”（道路运输许可证），是指道路运输管理机构根据申请人的申请，经依法审查，依照道路运输条例第十条、第二十五条规定，决定向符合本条例规定条件的申请人颁发道路运输经营许可证时，向申请人投入运输的车辆配发的车辆营运证。车辆营运证是从事道路运输经营活动的车辆的合法凭证，如果车辆没有营运证，那么就是无证经营，也就是通常所说的“黑车”。

二、如果团队行程中有安排旅游团餐，旅行社应如何操作

旅行社安排餐饮的原则是：卫生、新鲜、味美、量足、营养、荤素搭配适宜。本着合理而可能的原则，满足旅游者在旅行中对美食的需求。可以考虑安排当地风味特色餐饮，如以民俗风情、土特产、农家菜为特点的餐饮，也可以安排建筑风格独特的餐厅，还可以安排用餐礼仪和饮食文化具有观赏性和体验性的餐厅。旅行社应充分了解旅游者的饮食禁忌，还应考虑特殊旅游者的特别要求。

微课：采购餐饮的流程

旅行社选择餐厅应考虑餐饮点的地理位置和营业时间、与当日游览点的距离，以及交通的便利性、环境舒适性。

三、旅行社如何与景区（点）沟通，购买团队的门票

旅行社一般与景区（点）签订合作协议，按照代理的等级、团队人数折扣或旅行社为景区（点）做宣传等多种方式拿到景区（点）门票批发价。

旅行社团体票可进行一票管理多人，购票时由团队导游或者负责人身份信息统一购买团队所有成员门票，避免了所有人扎堆排队购票的情况；成功购票后可进行一张票多

人检票入园，门票由负责人保管，在景区（点）入口检票闸机处一票扫码后，所有团体游客推杆即可快速通行。一张团队票管理团队所有成员，简化了景区（点）售票和检票的工作量，节约了纸质票成本，提高了景区（点）和团队导游的工作效率。

微课：采购景区门票的流程

四、单团概算单的作用及内容

单团概算单是在与服务供应商的单次预订协议双方签字盖章后，计调人员对于该团的具体成本及结算方式进行统计的表格，便于掌握该团的利润、与服务供应商的结算登账、导游派团单的导游结算金额及借款单的审批等。样表如下：

表 4－1　单团概算单

团号：					
序号	项目	供应商或付款方	结算金额（元）	方式	备注
1	车	外事旅游车队	两天 2 600	月结	
2	住	桐庐蓝天宾馆	100×22=2 200	预付	
3	餐		（1 早 ×10+2 正 ×25）×30 人 =1 800	导游现付	
4	门票		60×30 人 =1 800	导游现付	
5					

操作：　　　　　　　　　　　　　　日期：

五、导游派团单包括的内容

导游派团单是让导游明确旅行社委托的服务内容，是导游工作的基本依据。导游派团单应包括以下内容：

微课：导游派团单的作用与构成

（1）旅行社名称及企业标识等信息。

（2）加盖旅行社公章。

（3）旅行社相关联系人及电话，如计调、销售、送关人员等。

（4）接受带团任务的导游姓名、电话等信息。

（5）团队情况：团名（团号）、人数、国籍、语种、名单（可以加附页）、出发日期及时间、抵达日期及时间、离开日期及时间、抵达地点、离开地点、用房数量、团队旅游目的或要求等。

（6）陪同工作人员信息：姓名、性别、语种、联系电话；地接导游派团单若没有全陪，应提供旅游者信息。

（7）旅游行程内容、服务标准要与旅游者签订的一致。

（8）旅游供应商的信息，例如：

1）司机信息：姓名、车型（座位数）、联系电话、车牌号；

2）接待旅行社名称及联系人、联系电话；

3）每天参观的景区（点）名称，必要时提供联系人、联系电话；

4）用餐价格、标准，餐厅名称，必要时提供联系人、联系电话；

5）入住酒店名称、地点，必要时提供联系人、联系电话等。

（9）费用明细：该团需要导游经手的付费明细及要求；如有需导游收费的项目要注明标准及明细。

（10）公司对于导游带团的要求、报账要求、旅游者的特殊要求等。

LB/T 063—2017 旅游经营者处理投诉规范

六、导游带领旅游团队游览期间，计调人员需要做什么

导游带领旅游者游览期间，计调人员需对旅游过程进行监督，防患于未然。若出现问题，及时沟通协调处理。

七、旅游团队回来后，计调人员需要做哪些事情

旅游团队行程结束后，计调人员需要审核报账，登记合作单位账款，总结调整产品和供应商，进行资料归档。

拓展资料

【企业连线】导游派团单

表 4－2 导游派团单

公司名称	浙江 ×× 国际旅行社有限公司	团号	ZJGD20210513DQ02A
导游姓名		联系方式	
计调及联系电话	金 ××，159××××7738	路线	大清谷两日
司机及联系电话	王 ×，139××××8865	车牌号	浙 A·9S292
旅游者及联系电话	张 ×，135××××8026	人数	42 人
日期	2021 年 5 月 13 日—14 日	客户类别	大学生团队
集合地点	浙江 ×× 学院南门	集合时间	上午 7:30
导游结算费用：合计 3 720 元，借 4 000 元。大写：肆仟元整。			
门票	10×42=420 元	备注：提醒带学生证，成人 15 元 / 人	
篝火及音响设备	150 元	王经理 137××××8826	
餐费	1 早 5×42=210 元		
帐篷租赁	（60÷2）×42=1 260 元		
烧烤炉	60×7=420 元		
食材	30×42=1 260 元		
备注： 1. 物料领取：头巾 42 个，徽章 10 个，荧光棒 1 筒，撕名牌若干，水杯 2 个，导游旗及旗杆 1 套。 2. 车费挂账。 3. 发票名称：浙江 ×× 国际旅行社有限公司。回来一周内报账。			
行程安排见附件。			
经办人：		旅行社（盖章）：浙江 ×× 国际旅行社有限公司 日期：　　年　月　日	

工作任务单 14-1 根据旅游合同的内容，为该团确定车、景点、住宿、餐饮等具体服务供应商，发送接待计划。

工作任务单 14-2　书写该团的概算单。

工作任务单 14-3　起草该团的导游派团单。

知识梳理

周边游业务操作流程

一、流程图

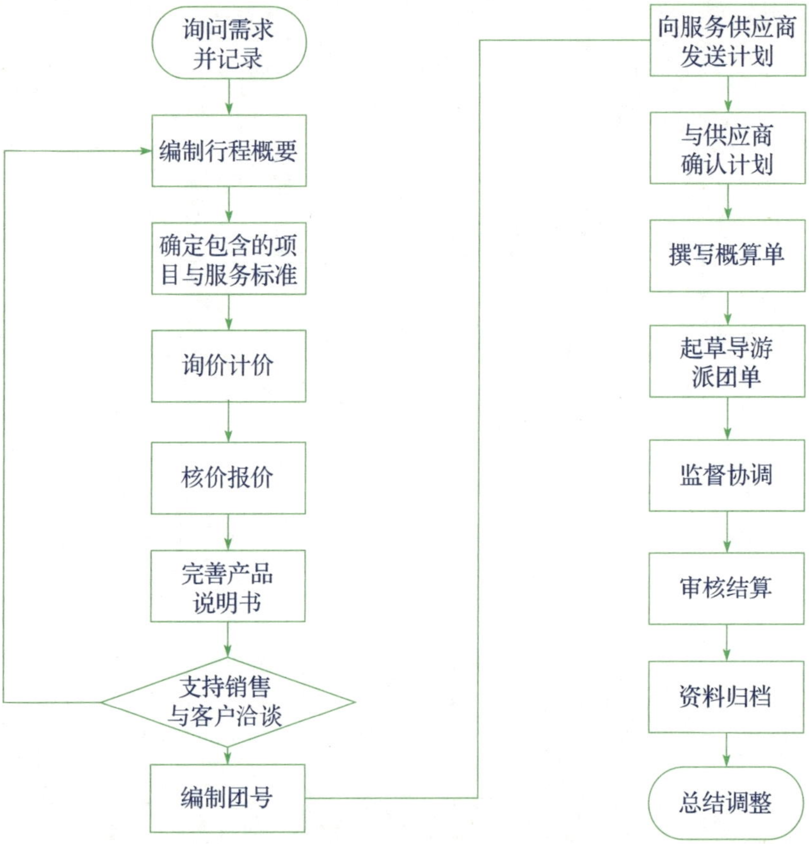

图 4－1　周边游业务操作流程图

二、操作步骤

1. 询问需求并记录

计调人员作为销售人员的有力支撑，若推荐的旅行社产品内容具有吸引力、报价具有竞争力，则对销售人员的成功签单具有举足轻重的作用。为了便于有效支持销售人员，及时推荐产品和计价报价，计调人员需记录以下信息：销售人员姓名、电话、旅游者人数、出行日期、预计天数、预算金额、住宿标准、主要目的地或景区（点）、客户类型等信息。

2. 编制行程概要

根据主要景点的游览时间和游览点之间的距离、行驶时间，结合客户需求、主要景点的特色，选择辅助景点和用餐、住宿等停留点。注意行程安排“点线适中、张弛有度”。

3. 确定包含的项目与服务标准

根据客户的需求和预算，确定该产品具体包含的项目和服务标准，如含几餐、住宿等级、包含哪些收费的景点等，便于下一步的计价。

4. 询价计价

计调人员对于不清楚的价格或不经常合作的服务供应商的价格可先进行询价后再进行成本计价。

由于旅行社的产品报价大多按单人收取费用，成本计价按照分项列式计价法不容易漏项、错计，必须按照服务标准里包含的项目，逐条按项分别计算分摊到每个人的费用，然后合计为直接成本。

5. 核价报价

在直接成本的基础上，加上公司运营的间接成本（如广告费、房租、人工等）、利润、参考同行的产品价格等各种因素制定收客报价。

6. 完善产品说明书

产品说明书作为招徕、吸引旅游者的图文并茂的作品，至少应包含企业信息、产品名称、特色亮点、行程内容、服务标准、注意事项、发团日期、限制人数、价格等信息。

7. 支持销售与客户洽谈

如果客户对于定制旅行社产品满意，签订旅游合同，计调人员可进行下一步的落实操作。如果旅游者在行程安排、包含项目、价格标准等方面有异议，需要销售人员与计调人员进行调整，最终签订旅游合同。

8. 编制团号

销售人员与客户达成共识后，签订旅游合同，生成唯一的“团号”才能在公司进行业务流转。作为旅行团的唯一代号，团号在旅行社及其合作单位的运转中有不可代替性。各个旅行社的团号编制规则不尽相同，一般包含目的地、天数、出团顺序等内容，确定它的唯一性即可。

9. 向服务供应商发送计划

计调人员按照公司的服务供应商采购要求，选择并确定该团的车、景点、住宿、餐饮等具体服务单位，通过传真件的形式与其签订该团的委托合同。传真件建议使用公司抬头的信笺纸撰写，准确传递委托内容，注明价格结算方式及日期。

10. 与供应商确认计划

计调人员向服务供应商发送计划后，督促对方确认回传，确保双方均在合同上确认签字盖章，合同生效。

注意与服务供应商发送预订计划后，如果旅游者出团日期、抵达时间等发生变化，务必发送变更单书面通知服务供应商，并以收到回复为准。

11. 撰写概算单

计调人员在团队出发前，编写该团的成本利润概算单，对于该团各个项目的支出金额、结算方式与时间、利润空间等做到心中有数，便于处理突发事件、与财务有效配合。

12. 起草导游派团单

导游派团单是旅行社给予导游的工作单，有的旅行社称之为计划单。主要内容应包括：旅行社企业信息，计调（销售）、导游、司机、旅游者等相关人员姓名及联系电话，行程内容、服务标准、服务供应商信息、导游结算信息、公司带团要求等事项。

13. 监督协调

旅游者游览期间，计调人员务必保持与各方的联络畅通，关注游览质量，监督导游工作质量和服务供应商的落实情况，如果出现问题应及时协调沟通并处理。

14. 审核结算

计调人员需审核导游的报账单和原始票据，按照公司财务管理制度报账。将涉及该团的协议单位的相关款项及时登记在团队费用往来明细表中，以便核对。

15. 资料归档

整理该团操作的相关原始资料并登记存档。保存期限为最低两年，便于以后查询。

16. 总结调整

根据导游及旅游者的反馈，及时传达得到表扬的单位和个人，对于投诉的问题及时总结，如有必要调整旅行社产品或旅行社产品服务供应商。

思享园地

1. 阅读文献，思考红色旅游的核心和落脚点有哪些。

蒋励佳，李秋正，徐金海. 习近平关于红色旅游的重要论述与实践指引［J］. 黑龙江社会科学，2020（04）：67-71.

2. 阅读文献，结合自身的出游意愿，总结青年选择红色旅游产品有哪些影响因素。

王金伟，张丽艳，李雪松，鹿广娟，孙东琪. 红色旅游爱国主义教育效果对青年出游意愿的影响机制——基于中介效应的实证分析［J］. 旅游论坛，2021，14（06）：157-168.

3. 阅读文献，思考大学生国家认同教育的路径有哪些。

杜兰晓. 当代中国大学生国家认同教育的路径探析——基于文化自信的视角［J］. 思想教育研究，2012（12）：99-102.

习近平关于红色旅游的重要论述与实践指引

红色旅游爱国主义教育效果对青年出游意愿的影响机制——基于中介效应的实证分析

当代大学生国家认同教育的路径探析——基于文化自信的视角

05

学习模块五

地方接待业务操作

- 工作任务15　与组团社洽谈
- 工作任务16　地方接待业务落实操作

学习模块五

地方接待业务操作

学习目标

知识目标

1. 了解入境业务的操作
2. 了解儿童价格的构成

技能目标

1. 能起草报价单
2. 能针对当地的资源编排旅游行程
3. 可以操作地方接待业务

素养目标

1. 增强学生爱家乡、爱祖国的自信心、自豪感
2. 掌握旅游资源类型与开发模式，提炼红色旅游资源亮点，引导学生对中国的优秀传统文化和革命历史有深入的了解，增强学生的家国归属感和历史责任感

思维导图

地方接待业务操作	学习情境	工作任务	工作任务单
	贵公司接到省外旅行社的询价单，请讨论从收到询价单到与组团社签订接待确认件，要做哪些事。	与组团社洽谈	编排一条针对亲子家庭的三天两晚的接待行程 计算成人与儿童的直接成本并报价 以地接社工作人员的身份起草一份给组团社的报价单
	经过与组团社的沟通洽谈，现组团社确定有一个团队交与贵社接待，请问作为地接社将做哪些工作？	地方接待业务落实操作	组团社与你签订接待计划后，请起草该团队的住宿预订单、订车单、单团概算单、地接导游派团单等相关表单

学习情境十一

贵公司接到省外旅行社的询价单，请讨论从收到询价单到与组团社签订接待确认件，要做哪些事。

工作任务 15

与组团社洽谈

学习过程

一、地方接待业务

指在旅游目的地做接待的业务，包含国内内宾和入境旅游的接待。其中入境旅游者的地接业务分为一地和联线两种。若入境业务是一地业务，仅在一个地方游览，如北京入、北京出的行程，由一家旅行社操作即可完成，那么就与内宾地接业务操作类似。若入境业务是联线行程，如入境的口岸是上海，在华东地区的旅游结束后再去西安、四川等地，那么计调的操作分为两个阶段：一是作为地接，将华东地区的旅游安排妥当；二是做好其他目的地的接洽和采购，参照组团业务操作。

二、判断组团社发送的地方接待区域的游览行程是否合理

合理的旅游行程应该是各个景区（点）的游览时间合适，路线合理。需要考虑山区、高速、城市内旅游车的行驶速度的差异、食宿安排等。

计调人员必须熟悉本地的旅游资源，要审核计调人员提供的行程是否合适，主要审核各停留点的时间安排及行驶路线、距离时间是否合理。

三、地接计调在分项计价时成人与儿童各包含的项目

根据包含的项目和服务标准进行成本计价，如有必要可向服务供应商询价后计价。注意成人计价按照行程中的要求，包含门票、当地交通、住宿、餐费、地接导游服务费等。儿童成本计价项目可参照各旅行社网站中旅行社产品说明书中关于儿童费用包含的项目自行分析。

四、回扣

回扣是指一些购物商店、社会餐馆和旅游景区（点），为报答旅行社将旅游团队带入其经营场所消费而给予旅行社或导游的酬金，也称回佣或佣金。

五、地接计调如何在直接成本的基础上给组团社报价

按照组团社的要求，地接计调需分项报价。在直接成本的基础上，地接计调可在每

个项目上增加一定的利润，如门票按照全价报、住宿和车辆分别有一定上浮的利润等。每个公司的报价策略不同，采购成本也有差异，报价技巧需要在工作中磨炼。

拓展资料

【企业连线】组团社询价单

表 5－1　组团社询价单

收件单位：浙江 ×× 旅行社	寄件者：湖北 ×× 国际旅行社王慧
收件人：张江经理	电话：027-87××××22
联系电话：0571-88××××66	传真：027-87××××33
传真电话：0571-88××××33	手机：159×××××886
主旨：华东五市地接询价单	文件页数：1 页
张江经理： 您好！感谢您及贵社长久以来对我社的大力支持！祝财源滚滚！ 我社预计在 5 月 20 日左右有一团队将游览华东五市，人数 30 大 +2 儿 +1 全陪，具体行程附后，服务标准为当地空调旅游车、三星级酒店双标间，含餐，优秀导服。请贵社按照以下行程分解报价！谢谢！	
第一天	上午 06:51 抵达南京，游集中国近现代史之大成的**民国总统府、**两江总督署、太平天国天王府、**江南名园——煦园**；**民国文化街区**［国共谈判旧址及梅园（周一闭馆）、民国 1912 酒吧街等］；下午游集南京六朝文化和民俗市肆文化于一身的**夫子庙—秦淮河风光带**：乌衣巷、文德桥、大红墙、泮池、天下文枢坊、东市、西市等。**【住无锡】【 * 中 * 】**
第二天	上午游**鼋头渚景区**——太湖第一名胜，含鼋渚春涛、三山仙岛，乘豪华游船畅游波光千里的太湖；赴苏州，游**留园**——世界文化遗产、中国四大古典园林之一，含五峰仙馆、鸳鸯厅、冠云峰、又一村、涵碧山房等。下午游**虎丘**景区——苏州的象征、吴中第一名胜，断梁殿、云岩寺、虎丘塔、试剑石、剑池、二仙亭、千人岩等。**【住苏州】【早中晚】**
第三天	上午游中国最美的水乡古镇——**乌镇**（含财神湾、蓝印花布馆、当铺、茅盾故居、林家铺子、江南百床馆等），赴杭州；下午**泛舟西湖**——乘休闲画舫游西湖，观三潭印月、阮墩环碧、湖心亭、孤山烟岚、断桥等；**花港观鱼**（西湖十景之一，含红鱼池、御碑亭、牡丹园等），**苏堤春晓**（西湖十景之一）；**曲院风荷**（西湖十景之一，著名赏荷胜地，南宋酒文化馆等）；晚自费观看宋城表演。（感受典型的南宋文化，体验前所未有的视觉感受。）**【住杭州】【早中晚】**
第四天	晨赴上海，游**外滩**（上海的象征，黄浦江风光、万国建筑博览等）、**南京路观光**（十里洋场，中华第一商业街）；上海 CBD——**浦东陆家嘴**：观上海标志——金茂大厦（88 层）、东方明珠（高 468 米）、环球国际金融中心（110 层）、黄浦江隧道等；晚上 19:28 乘 K11 次列车或其他车次返回武汉**【住火车】【早 ** 】**
如有不明请及时联络。谢谢！ 祝好！ 湖北 ×× 国际旅行社：王慧 ×× 年 ×× 月 ×× 日	

工作任务单 15-1 编排一条在本地区开展、针对 6～10 岁亲子家庭的三天两晚的接待行程。

工作任务单 15-2　分项计算成人与儿童的直接成本并报价。

工作任务单 15-3　以地接社工作人员的身份起草一份给组团社的报价单。

学习情境十二

经过与组团社的沟通洽谈，现组团社确定有一个团队交与贵社接待，请问作为地接社将做哪些工作？

工作任务 16

地方接待业务落实操作

学习过程

一、地接计调收到组团社的接待计划之后需要做的事项

组团社计调人员接到报价单后，经与客户沟通，签订组团旅游合同，将旅游团交给地接社接待。地接计调在接到组团社的接待计划后，应仔细核查接待人数、行程内容、包含项目、住宿标准、用车标准、有无全陪、结算金额及时间、方式，如有不明应及时沟通。无异议后双方签订接待协议，签字盖章，合同生效。

二、组团社与地接社签订接待计划确认件后，地接计调需要做的工作

地接计调根据接待协议上的要求，预订符合服务标准的当地旅游车、住宿、门票、餐厅等。

微课：地接社报价的注意事项

微课：采购酒店的流程及注意事项

微课：采购餐饮的流程及注意事项

微课：如何看待旅游购物

微课：采购娱乐活动的流程及注意事项

微课：地接导游派团单的制作

三、和旅游车、住宿、门票、餐厅等合作单位完成确认件后，地接计调在团队游览时还需要做的事项

地接计调和各个服务供应商确认后，要实时关注团队情况，出现问题积极协调。对于服务供应商来讲，计调协调的作用比导游大。在协调的过程中，要本着合作共赢的态度沟通，语气要礼貌，避免“我购买服务我是上帝”的骄傲感。

四、地接计调在团队旅游行程结束后的注意事项

地接导游在旅游者离站前填写团队服务质量反馈表，便于与组团社结账使用。地接计调应在旅游行程结束后，及时发送对账单，若组团社未付清团款，应按照接待合同上的期限催促组团社及时结账，避免公司现金流回笼困难。

拓展资料

【企业连线】服务质量反馈单

表 5-2　顾客意见评议表（团队）

（浙江捷程国际旅行社有限公司提供）

为使您的消费权益能得到充分保护，不断提升我们的服务质量，请您协助我们填写此表，就此次工作人员的服务工作质量给予评定或提出宝贵的建议，感谢您的支持和合作！

团号：　　　　　线路（航班信息）：　　　　　单位：　　　　　导游：

<table>
<tr><th colspan="2" rowspan="2">标准</th><th colspan="4">等级</th><th colspan="3" rowspan="2">游客综合评定意见</th></tr>
<tr><th>好</th><th>较好</th><th>一般</th><th>差</th></tr>
<tr><td colspan="2">用餐情况</td><td></td><td></td><td></td><td></td><td colspan="3" rowspan="3"></td></tr>
<tr><td colspan="2">旅游车况</td><td></td><td></td><td></td><td></td></tr>
<tr><td colspan="2">酒店情况</td><td></td><td></td><td></td><td></td></tr>
<tr><td rowspan="4">全陪导游</td><td>仪容仪表</td><td></td><td></td><td></td><td></td><td colspan="3" rowspan="6"></td></tr>
<tr><td>服务态度</td><td></td><td></td><td></td><td></td></tr>
<tr><td>知识技巧</td><td></td><td></td><td></td><td></td></tr>
<tr><td>应变能力</td><td></td><td></td><td></td><td></td></tr>
<tr><td rowspan="2">地陪</td><td>服务态度</td><td></td><td></td><td></td><td></td></tr>
<tr><td>讲解水平</td><td></td><td></td><td></td><td></td></tr>
<tr><td colspan="4">全陪导游带团是否穿工作服</td><td>是</td><td>否</td><td>满意□</td><td>较满意□</td><td>不满意□</td></tr>
<tr><td colspan="4">导游是否强迫旅游者购物</td><td>是</td><td>否</td><td rowspan="3">团队人数</td><td colspan="2" rowspan="3"></td></tr>
<tr><td colspan="4">旅游者所购商品是否假冒伪劣</td><td>是</td><td>否</td></tr>
<tr><td colspan="4">是否强迫旅游者参加自费景点和项目</td><td>是</td><td>否</td></tr>
<tr><td colspan="4">是否降低旅游合同所签订的服务标准</td><td>是</td><td>否</td><td rowspan="2">领队签字</td><td colspan="2" rowspan="2"></td></tr>
<tr><td colspan="4">导游是否介绍公司微信公众平台</td><td>是</td><td>否</td></tr>
<tr><td colspan="4">车辆行驶过程中是否提醒系好安全带</td><td colspan="3">是</td><td colspan="2">否</td></tr>
</table>

车辆行驶 2 小时以上是否提醒进入服务区		是	否
旅游行程中是否做好人身和财产安全提醒		是	否
旅游过程中是否提醒游客文明旅游		是	否
游客代表签名		联系电话	
团队质量反馈与回访			
			联系人：
			联系人：
客户出游需求建档	捷程客户综合服务中心 年　月　日		
旅行社综合评定及处理意见与反馈			
盖章 年　月　日			
处理结果		旅游部经理签字：	客服中心经理签字：

表 5－3　导游带团记录（导游日志）

团号		出团单位		导游	
团队领队		电话		备注	
兼职导游		电话		备注	
地接社及联系人		地接导游及电话		备注	
物品准备	咖啡□、红茶□、姜茶□、水果□、横幅□、工作服□、导游旗□ 其他：				
餐饮（名称、地址、电话、环境、服务、适合团队等）				计调审核评价	
住宿（名称、地址、星级、大堂、房间、服务、早餐等）				计调审核评价	

<table>
<tr><td rowspan="2">各项汇报
（餐宿照片、时间节点的汇报、景区（点）、地接等方面、每日给总经理汇报短信）</td><td rowspan="2" colspan="2"></td><td>微信相册
（按时、按统一格式、按时间节点）</td></tr>
<tr><td></td></tr>
<tr><td colspan="2">导游现场应对</td><td colspan="2"></td></tr>
<tr><td colspan="2">导游经验积累</td><td colspan="2"></td></tr>
<tr><td rowspan="2">导游部</td><td>团队跟踪</td><td colspan="2"></td></tr>
<tr><td>评价记录</td><td colspan="2"></td></tr>
</table>

LB/T 009—2011
旅行社入境旅游服务规范

工作任务单 16 组团社与你签订接待计划后，请起草该团队的住宿预订单、订车单、单团概算单、地接导游派团单等相关表单。

知识梳理

地接业务操作流程

下面以组团社委托的地接业务操作为例，展示地接业务的工作流程：

一、流程图

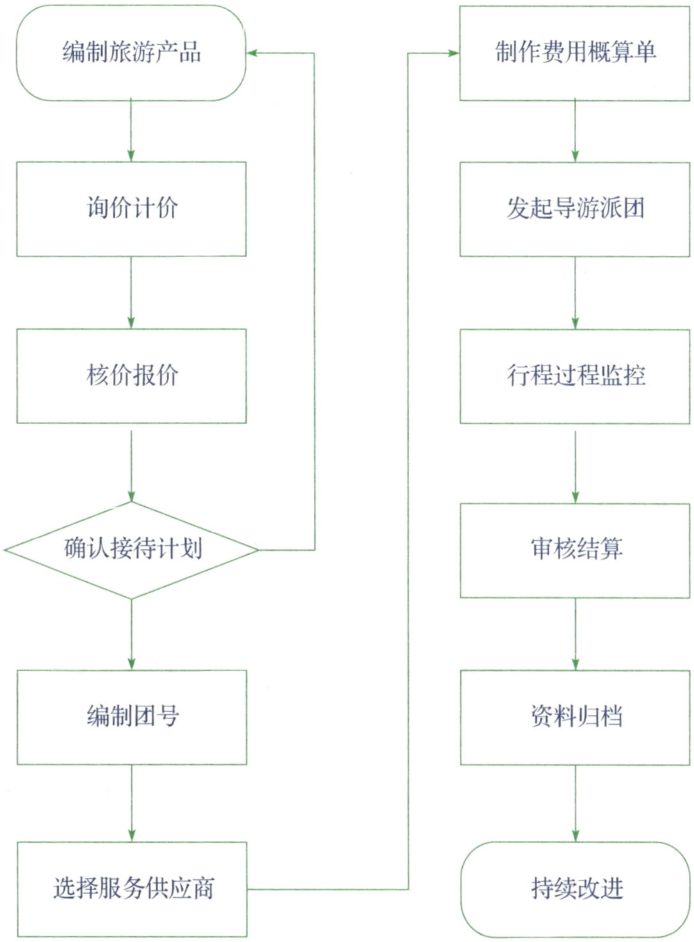

图 5－1　地接业务工作流程图

二、操作步骤

1. 编制旅游产品

（1）地接计调比组团计调更熟悉地接范围内的旅游资源，可根据组团社的要求，对于旅游目的地的游览行程进行路线规划和合理编制，或根据旅游目的地的特点设计开发有特色的旅行社产品。

（2）如果组团社提供了旅游线路，地接计调应仔细阅读审核，若认为不合理或不能实现，应提出相应合理、可行的建议，及时与组团计调沟通更改。

2. 询价计价

（1）地接计调需注意询问、记录组团社或外联提供的以下信息：大概人数、天数、出行日期、主要行程、往返大交通、对方公司全称、联系人及电话、有无陪同人员等。

（2）产品编排后，地接计调有必要向服务供应商询价后计算直接成本。

3. 核价报价

（1）分项计价表易于计算和核算，提高计算的准确性及效率。

（2）报价宜以人民币报价，若是入境团队以美元或欧元等外币报价，应注明计价汇率和汇率变化的约定条款。

4. 确认接待计划

（1）组团社发送接待计划确认件，地接计调须审阅人数（有几大几小）、抵离日期、接送团地点、行程内容及标准、全陪（领队）等信息。注意旅游团中有无单男单女、特殊的民俗习惯、宗教禁忌、所需导游人员语种等情况。

（2）与组团社签订接待计划确认件，双方签字盖章，作为双方的结算依据。

5. 编制团号

给该团编制团号，将团队相关信息列入发团工作计划。

6. 选择服务供应商

（1）严格按照与组团社的接待计划确认件中的标准采购服务供应商的服务。

（2）接待计划确认件待组团社确认后，地接计调要及时与服务供应商签订接待计划。

7. 制作费用概算单

（1）按照与服务供应商签署的接待计划起草团队费用概算单核算团队大致利润空间。

（2）需要提前支付的费用或导游携带的现金要及时通知财务。

8. 发起导游派团

制作导游派团单，打印行程单，注意事项、物料准备要写清楚。选择导游服务应符合 GB/T 15971—2010《导游服务规范》要求。

9. 行程过程监控

（1）应 24 小时监控旅游行程中的游览情况，监督服务供应商按照旅游计划完成接待任务，协助导游处理各类突发事件。

（2）团队旅途中若行程内容、服务标准与协议有变更的，须要求导游与旅游者签订变更协议。

（3）当旅途中发生意外或遭遇不可抗力事件时，应及时通知相关单位及部门。

（4）团队旅游结束前要求导游做好旅游者质量反馈单的填写和回收工作，与组团社结账时使用。

10. 审核结算

（1）旅游行程结束后，收集导游工作日志。督促地接导游及时与公司结账，按照公司制度审核报账。

（2）起草与组团社的结算清单，按照接待计划确认件中的结算时间结清应收款项。

（3）核算服务供应商费用明细并提交财务部，按照协议日期及时付款。

（4）制作团队成本清单提交财务审核并存档。

11. 资料归档

（1）整理所有原始资料，按一团一卷归档，卷面注明团号和旅游时间。

（2）卷宗内应归集计价、报价、预订、确认接待计划及变更往来确认函等完整的业务资料。

（3）原始资料应保存两年，业务数据保留三年，结算数据宜长期保存。

12. 持续改进

（1）对旅游活动中出现的质量问题应及时采取纠正措施，提出预防和改进措施。

（2）应及时关注旅游者和导游对旅行社产品的质量反馈情况，应根据反馈结果对旅行社产品进行分析和优化。

（3）建立旅游者针对服务供应商的投诉记录制度，并对投诉记录内容进行分析、统计。

（4）定期对服务供应商进行评估和调整，保持旅游服务质量并持续改善。

思享园地

阅读文献，思考文旅融合背景下，如何深入挖掘旅游资源、弘扬红色文化。

［1］殷启翠，刘玉龙．黑龙江省革命老区红色旅游资源整合与文化传播［J］．学术交流，2021（12）：82-93.

［2］国家发展改革委．唱响爱国主义教育最强音　打造红色文化旅游新引擎——湖南省刘少奇同志纪念馆红色旅游发展典型案例［J］．中国经贸导刊，2021（14）：14-15.

黑龙江省革命老区红色旅游资源整合与文化传播

唱响爱国主义教育最强音　打造红色文化旅游新引擎

06

学习模块六

国内中长线组团业务操作

- 工作任务17　组团社询价
- 工作任务18　组团社计价与报价
- 工作任务19　组团业务落实操作
- 工作任务20　发生变更

学习模块六

国内中长线组团业务操作

学习目标

知识目标

1. 了解同业社、同业拼团的概念
2. 知晓机票价格的计算方法
3. 熟悉出现变更的处理步骤

技能目标

1. 能起草询价单、出团通知单
2. 会计算国内机票的折扣出票价格及退团损失费
3. 能操作国内中长线组团业务

素养目标

1. 增强法律意识，规范经营
2. 激发学生的民族自豪感及爱国主义情怀
3. 应用旅游市场调研基本方法和步骤，深度挖掘以红色旅游为主题的产品，学习革命斗争精神，增强文化自信

思维导图

国内中长线组团业务操作

学习情境	工作任务	工作任务单
某单位拟组织党员到省外开展红色旅游活动，计划去新疆、贵州、四川等地区。请问贵公司从获知信息到签订合同，要做哪些事情？	组团社询价	讨论中小型旅行社作为组团社，直接采购省外地接社产品和采购当地同业批发商产品的利与弊
		分析客户需求，在各旅游网站上搜寻适合的旅游产品，并查询该旅行社相关信息
		起草一份关于四川红色旅游产品的询价单
	组团社计价与报价	计算经济舱机票成人六折、儿童往返机票的价格
		根据地接社报价，核算组团社成本，起草给客户的产品说明书
当客户单位代表同意贵公司提供的产品和价格，与贵公司签订旅游合同后，请问贵公司应如何操作？	组团业务落实操作	当客户与组团社签订旅游合同后，请作为组团社起草与地接旅行社的接待计划
		在地接社与组团社签订接待计划后，起草给客户的出团通知单
当客户单位与贵公司签订旅游合同后，出发前有1名客户要求退团，请问贵公司如何处理？	发生变更	签订旅游合同后，出发前有1名客户要求退团，请问销售如何处理
		该团六折购买往返经济舱机票，出票后客人要求退团，退票费损失为30%，请计算退票的实际损失

学习情境十三

某单位拟组织党员到省外开展红色旅游活动，计划去新疆、贵州、四川等地区。请问贵公司从获知信息到签订合同，要做哪些事情？

工作任务 17

组团社询价

学习过程

一、国内中长线旅游业务

国内中长线旅游业务是指在我国境内（除港澳台外），由客源地招徕的旅游团队或散客，其行程通常在3天以上，需要委托当地接待社完成约定的接待项目。按照操作区域不同分为东北区、华北区、西北区、西南区、华中区、华东区、东南区等。

二、同业社

同业旅行社，简称同业社，是指主要向旅行社销售产品的旅行社。同业旅行社与普通旅行社的区别有三点：（1）同业旅行社往往只专注某条线路或某几条线路，普通旅行社会全面一些。（2）同业旅行社控票能力、接待能力相对比较有优势，普通旅行社客源方面比较有优势。（3）同业旅行社销售对象只有旅行社同行，客人有可能是团队，也有可能是散客，批发价格；普通旅行社销售对象主要是游客。

三、散拼团 / 同业拼团

按照组团社或旅游批发商之间的协议，将各自从门市部（门店、销售中心等）招徕的购买同一旅游目的地产品的旅游者，交由其中的一家旅行社作为组团社来负责组织和实施旅游接待计划。

四、组团社与同业社的关系

由于旅行社属地管理等方面的限制，组团社操作国内长线和出境业务需要采购同业社的服务才能完成服务。

组团社直接面对客户并签订旅游合同，然后采购同业社（批发商或地接社）的旅游服务，两者存在互惠互利、相互监督、相互转换的关系。

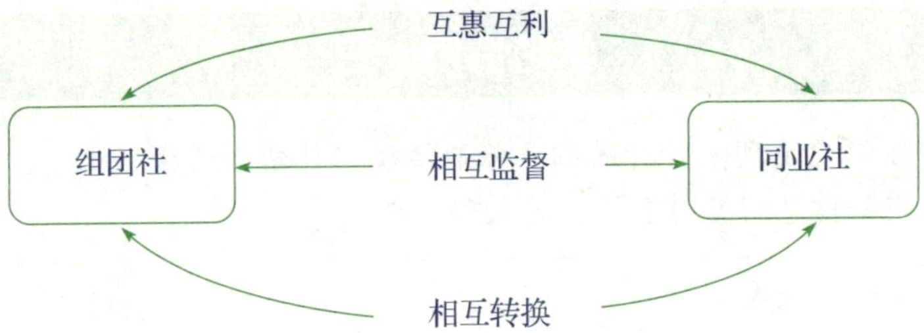

图 6－1　组团社与同业社的关系图

互惠互利：组团社与旅游者签订合同，同业社接受组团社的委托为旅游者提供服务，两者均是在服务旅游团的过程中获得盈利。组团社与同业社追求的目标应该都是让客户满意，争取回头客。如果旅游者报名参加组团社 A 的旅游团，在四川是由地接社 B 接待的，可在四川当地感觉不好，那么该旅游者以后想去其他地方旅游可能就不会考虑在组团社 A 报名。而组团社 A 由于旅游团反馈不好，可能以后四川的团队都不交给地接社 B 接待。

相互监督：组团社按照与旅游者签订合同的服务内容和标准委托同业社接待，需要监督同业社的服务质量，确保按照合同、协议的内容及标准提供服务。同业社需要监督组团社的信息准确、账款结算及时，在监督的基础上达到合作共赢的目的。

相互转换：组团社和同业社有可能存在角色相互转换的关系。如杭州旅行社 A 作为组团社采购四川旅行社 B 的四川旅游产品，四川旅行社 B 也会转换为组团社，采购杭州旅行社 A 的华东旅游产品，杭州旅行社 A 作为华东地接旅行社接受四川旅行社 B 的委托完成华东地区的业务。

五、组团计调通过哪些途径寻找批发商或地接社的信息

组团社可以通过参加旅游推介会、同业广告、同行介绍、上门推销、网上查询等多种途径搜集批发商、地接社的信息。

旅游推介会大多由旅行社协会或旅游主管部门牵线，组织目的地的旅行社、景区（点）等单位，到旅游客源地邀请同行参与，进行产品推广和交流。

目前常用的同业销售平台有欢途网、同天下、欣欣、环球同业网，随着互联网平台的发展，出现越来越多的同业平台。

六、选择同业社合作时需要考虑的因素

选择高质量的同业社合作，是采购到优质接待服务的关键。

初次筛选接待社时应进行全方位的考察。考察的内容应包括合法性、规模大小、基本情况、管理人员状况、信誉度、美誉度、计调人员素质、旅游接待资源掌控的能力（淡旺季的接待能力）、对合作伙伴的依赖性和成长性等。

在一个地区，每年度宜选择数家不同类型的旅行社，以便对质量和价格进行比较。与选定的接待社签订年度合作合同，并要求其提供经营许可证、营业执照副本复印件等资料存档。合作后应注意留存接团记录和客户反馈，对同业社进行考评记录，定期整理供应商名录。对于合作良好的旅行社继续签订合作协议，合作有问题的旅行社及时终止合作。

七、组团计调如果想借助地接社的帮助完成产品的编排与报价，起草询价单应包含哪些信息

由于组团计调对于目的地的信息、价格等方面的了解没有地接计调清楚，在编排产品时往往需要同业社的帮助。有的组团计调会从同业平台上直接采购产品用于散拼团的收客，遇到像单位定制单独成团的情况，通常需要地接社（或批发商）的分项报价。组团社在起草询价单时，应告诉地接社关于该团队的信息，如时间、天数、住宿等级、人数等，方便地接社计报价。

工作任务单 17-1　讨论杭州小型旅行社作为组团社，直接采购四川的地接社产品和采购杭州当地的四川旅游批发商产品的利与弊。

工作任务单 17-2　搜集分析四川的旅游资讯，分析客户需求，在各旅游网站上搜寻适合的旅游产品，并查询该旅行社相关信息。

工作任务单 17-3　起草一份关于四川红色旅游产品的询价单。

工作任务 18

组团社计价与报价

学习过程

一、若大交通选择为飞机，成人和儿童的往返机票价格应如何计算

国内航空机票价格 = 票面价格 × 折扣 + 民航发展基金（原机场建设费）。燃油附加费于 2015 年 2 月 5 日起停收。

民航发展基金收费标准为国内机票 50 元，出境机票 90 元。对于持外交护照乘坐国际及地区航班出境的旅游者、年龄在 12 周岁以下的乘机儿童及婴儿、乘坐国内支线航班的旅游者收费为 0 元。

微课：机票价格的计算

二、国内中长线组团的团队业务计价包含的项目

采取分项列式计价法来分析国内长线组团业务的计价项目有：机场往返接送、大交通（往返机票或火车费用）、陪同费用分摊（全陪大交通、导游服务费）、当地旅游汽车、门票、餐饮、住宿、地接导游等。

三、零（负）团费

组团社不向地接社支付地接社综合服务费（甚至按旅游团人数按一定比例向地接社收取送团费用）的做法。

拓展资料

【企业连线】地接社报价单

表 6－1　地接社报价单

TO	浙江 ××× 旅行社	收件人	金 ×	FAX	0571-85××××02	TEL：0571-85××××49
FROM	成都 ×××× 国旅	签发人	黄 ×	FAX	028-66××××85	DATE：04.08
5、6、7、8 月 30 ～ 40 人成都、九黄四飞 5 日行程及报价						
D1：成都双流机场接机，入住酒店。（不含餐）						宿：成都
D2：驱车前往成都双流机场，乘机前往川主寺九黄机场（空中飞行时间约 45 分钟），驱车赴**黄龙风景区**游览（78 千米、行车时间约 1.5 小时、游览时间约 4 小时），游览后赴九寨沟沟口入住酒店（140 千米、行车时间约 3.5 小时），晚上可走进藏家品尝藏式风味烤羊（自费 150 元 / 人）。（早中晚餐）						宿：九寨沟

续表

<table>
<tr><td colspan="2">D3：进入九寨沟风景区游览：九寨沟是岷山山脉一条纵深达 40 千米的沟谷，因沟内原有九个藏族村寨而得名。景观主要分布在树正沟、日则沟、则查洼沟，这三条沟略呈“丫”字形，从景区口羊峒到诺日朗是树正沟，从诺日朗到日则是日则沟，两条沟共长 30 千米，从诺日朗到东南的长海是则查洼沟，长约 18 千米。主干道由环保车代步，如需精细游览，需步行栈道，细细品味。晚可自费参加九寨沟藏羌风情晚会（自费 150 元 / 人）。（上午 8 点进入景区，下午 5、6 点游览完毕；三条沟游览顺序根据当日观光车调度安排调整）（早晚餐、不含九寨沟沟内自助中餐）</td><td>宿：九寨沟</td></tr>
<tr><td colspan="2">D4：前往川主寺九黄机场（108 千米、行车时间约 2 小时），乘机返回成都（空中飞行时间约 45 分钟），前往武侯祠（游览时间约 1.5 小时），欣赏馆内丰富的蜀汉文物，红墙青瓦、古柏森森，领略三国文化，思慕诸葛遗风。游览锦里仿古一条街：锦里以特色小摊的方式举行民间艺人的展演（如糖画、捏泥人、剪纸表演、皮影表演、西洋镜等），还有风味独特的民间小吃集市（游览约 1.5 小时）。（早中晚餐）</td><td>宿：成都</td></tr>
<tr><td colspan="2">D5：乘机返回杭州，结束四川之行。（早餐）</td><td></td></tr>
<tr><td colspan="3">服务标准：三星酒店标准间；空调旅游车；行程内景点门票；景区观光车；优秀导游服务；4 早 5 正（正餐八菜一汤、十人一桌）；</td></tr>
<tr><td colspan="3">费用不含：黄龙往返索道 120 元 / 人（上行 80 元，下行 40 元）；九寨沟自助中餐 60 元 / 人</td></tr>
<tr><td colspan="3">自费项目：
九寨沟藏羌风情晚会 150 元 / 人（约 2 小时）；四川麻辣火锅 68 元 / 人（配菜式）；藏家乐（藏式风味烤羊）150 元 / 人（19:30 开场，约 1.5 小时）；
川剧变脸秀甲票 220 元 / 人（1～7 排）、乙票 180 元 / 人（7 排以后）（约 1.5 小时）；</td></tr>
<tr><td rowspan="4">房费</td><td colspan="2">5 月：成都：80 元 / 人 / 晚 ×2 晚 =160 元（含早）；九寨沟：60 元 / 人 / 晚 ×2 晚 =120 元（必须店内用晚餐才含早餐，如不用晚餐，早餐费照付）
小计：280 元 / 人（不含单房差）</td></tr>
<tr><td colspan="2">6 月：成都：80 元 / 人 / 晚 ×2 晚 =160 元（含早）；九寨沟：70 元 / 人 / 晚 ×2 晚 =140 元（必须店内用晚餐才含早餐，如不用晚餐，早餐费照付）
小计：300 元 / 人（不含单房差）</td></tr>
<tr><td colspan="2">7 月：成都：80 元 / 人 / 晚 ×2 晚 =160 元（含早）；九寨沟：130 元 / 人 / 晚 ×2 晚 =260 元（必须店内用晚餐才含早餐，如不用晚餐，早餐费照付）
小计：420 元 / 人（不含单房差）</td></tr>
<tr><td colspan="2">8 月：成都：80 元 / 人 / 晚 ×2 晚 =160 元（含早）；九寨沟：140 元 / 人 / 晚 ×2 晚 =280 元（必须店内用晚餐才含早餐，如不用晚餐，早餐费照付）
小计：440 元 / 人（不含单房差）</td></tr>
<tr><td>餐费</td><td colspan="2">20 元 / 人 / 次 ×3 次 + 九寨沟店内晚餐 30 元 / 人 / 次 ×2 次 =120 元 / 人</td></tr>
<tr><td>门票</td><td colspan="2">九寨沟 220 元 + 黄龙 200 元 + 武侯祠 48 元（挂 60 元）=468 元 / 人</td></tr>
<tr><td>换车</td><td colspan="2">九寨景区环保车 90 元 / 人</td></tr>
<tr><td rowspan="4">车费</td><td>5 月：150 元 / 人</td><td rowspan="4">（30 人以上价格）</td></tr>
<tr><td>6 月：160 元 / 人</td></tr>
<tr><td>7 月：180 元 / 人</td></tr>
<tr><td>8 月：200 元 / 人</td></tr>
</table>

续表

合计	5 月：成人：1 148 元 / 人 12 岁以下儿童：330 元 / 人（含旅游车位费、早餐、半价正餐，其余自理）
	6 月：成人：1 178 元 / 人 12 岁以下儿童：340 元 / 人（含旅游车位费、早餐、半价正餐，其余自理）
	7 月：成人：1 318 元 / 人 12 岁以下儿童：360 元 / 人（含旅游车位费、早餐、半价正餐，其余自理）
	8 月：成人：1 348 元 / 人 12 岁以下儿童：370 元 / 人（含旅游车位费、早餐、半价正餐，其余自理）
备注	1. 以上价格均为正常价格，不含黄金周、成都大型会议及会展期间的价格。 2. 4 月 15 日起九寨沟沟内中餐上涨为 60 元 / 人 / 次。 3. 九寨景区酒店热水、空调均为定时供应；为了环保，都无一次性洗漱用品。

联系人：黄 × 138××××0199 杨 ×× 135××××6407

TEL：028-66××××80 66××××81 66××××82 66××××84

FAX：028-66××××85（24 小时自动）66××××83（人工）

地址：成都市 ×××× 大道 ×××× 路 ×××× 国旅总部 3 楼 ×××× 室

工作任务单 18-1　计算杭州—成都经济舱机票成人六折、儿童往返机票的价格。

工作任务单 18-2　根据地接社报价，核算组团社成本，起草产品说明书给客户。

学习情境十四

当客户单位代表同意贵公司提供的产品和价格，与贵公司签订旅游合同后，请问贵公司应如何操作？

工作任务 19

组团业务落实操作

学习过程

一、预订机票的注意事项

（1）熟悉航空机票的预订及出票程序。掌握航空公司有关飞机误点、机票遗失、行李晚到等事故的处理流程。

（2）必须与客人认真核对名单及证件号码，最好要求客人签字确认。

（3）请客人保证证件的有效性，出境旅游的护照或通行证有效期在半年以上。

（4）机票预订流转环节中姓名和证件号码一定要书面流转。

（5）认真核对出团、离团日期和航班号。

（6）在规定时间内必须及时和航空公司再次确认机位，否则过时后机位被电脑自动洗掉，形成没有订位的纪录，会造成不可挽救的错误。

（7）因航空公司超售（Over Sold）机位而产生的机位不足等问题，应坚持团体必须同时行动的原则。

二、销售与客户签订协议后，计调需要做的事情

应及时向确定合作的服务供应商预报接待计划，如向票务销售部门或机构预订机票，与地接社签订团队确认件等。

接待计划是与确定合作的服务供应商签署的协议，确保围绕旅游合同提供符合标准的服务。接待计划经过双方沟通后，明确购买服务的内容、标准及付款方式和期限等，应在旅游者出发前双方盖章确认生效。

组团社向地接社发起的接待计划，有的用团队确认件代称。

三、出团通知单

出团通知单是旅游者出行的详细说明，为旅游合同的补充协议，须列明旅游产品说

明书中尚未明确的要素，对无全陪的旅游者须告知旅游目的地的具体接洽办法和应急措施。包含但不限于以下信息：

（1）组团社名称、地址、联系方式，须加盖公章；

（2）具体出发时间和地点、出发交通信息；

（3）详细行程安排（含住宿的名称、景区（点）最少停留时间、购物最多停留时间等）；

（4）旅游者自费项目的价格及标准；

（5）购物及自费补充协议；

（6）该团导游（领队）姓名、联系电话；

（7）组团社联系人、电话及公司紧急联系方式；

（8）旅游服务供应商名称、联系方式；

（9）行业监督投诉电话；

（10）提醒旅游者的注意事项；

（11）旅游目的地国家或地区的相关法律、法规和风俗习惯、宗教禁忌；

（12）安全注意事项和应急措施，高风险的旅游项目须有活动防范；

（13）文明旅游须知；

（14）出境旅游须提示外汇兑换事项与手续；

（15）出入境海关及卫生检疫注意事项；

（16）境外收取小费的惯例及支付标准；

（17）旅游目的地报警电话、我国驻外使领馆的应急联络方式；

（18）旅游者签字。

微课：团队确认件往来流程及注意事项

微课：客人通知单的撰写要求

微课：旅游业务操作档案归档

工作人员应整理该团所有原始资料，按一团一卷归档，卷面注明团号和旅游时间。卷宗内至少应归集计价、报价、预订、确认接待计划及变更往来确认函等完整的业务资料。

拓展资料

【企业连线】出团通知单

表 6－2　成都九寨黄龙双飞五日游出团通知单

__________ 先生 \ 女士：

欢迎您参加我公司的国内旅游，现通知您有关出团事宜：

集合时间	×× 年 ×× 月 ×× 日 07:30（莫干山路 ×× 号，天鸿酒店对面）
去程班次	×× 月 ×× 日 CA1741（杭州 07:55/10:50 成都）
返程班次	×× 月 ×× 日 CA1742（成都 12:10/14:45 杭州）
领队人员	吴 ××　　手机：130××××7322
全陪人员	叶 ××　　手机：186××××3290
应急处理	金 ××　　手机：138××××3422　　刘莉娜　手机：136××××9118
接团方式	×××× 贵宾一行
接待标准	1. 费用包含： 交通：杭州—成都往返经济舱机票，含双程机建、燃油费 住宿：茂县国际大酒店、九寨沟棠中酒店、成都峨眉山酒店 用车：全程空调旅游车 用餐：正餐十人一桌，八菜一汤，不足十人，菜量种类相应减少，敬请谅解 门票：行程所列景点首道门票（含九寨环保车） 导游：全程导游陪同服务、当地专业导游服务 其他：旅行社责任保险及综合服务费 2. 不含项目：旅游人身意外险和交通工具意外险、自费项目（以旅游者自愿参加为原则） 3. 自费项目：九寨藏羌风情晚会 150 元 / 人（19:30 开场，约 2 小时）；藏家乐 150 元 / 人（19:30 开场，约 1.5 小时）；川剧变脸秀 1 ～ 7 排 220 元 / 人、7 排以后 180/ 人（约 1.5 小时）
旅游贴士	1. 九寨沟酒店因提倡环保，酒店内不提供一次性用品，请备齐洗漱等常备用品。 2. 要有足够的御寒衣物。九寨沟为高山气候，即使是夏季也早晚凉、中午热，因此要注意保暖，要特别预防感冒和上呼吸道感染。景区日照强，紫外线强。长时间在户外活动，请戴上太阳帽，涂抹防晒霜，以保护皮肤。 3. 注意高原反应。九寨沟区属中高海拔地区，一般旅游者不会有太大的高原反应，但黄龙海拔较高，要量力而行，不宜剧烈运动，宜少饮酒，多食蔬菜、水果，以防发生高原反应。另可预备些强心、利尿、扩张血管的药品，以及安眠药、晕车药等。 4. 年老体弱者，应备好常用药品，最好能配备小型氧气瓶（可当地租或购买）。 5. 九寨沟是藏区，因是山区，海拔较高，蔬菜瓜果较少，沟内的饮食贵且不好，可自带些高热量的食品，如巧克力、牛肉干等；九寨沟内住宿条件较一般大城市稍差。 6. 尊重当地少数民族的生活习惯和信仰，避免与当地居民发生冲突。 7. 爱护景区的一草一木，注意景区环保，听从管理人员安排，有困难及时与管理人员联系。不要投食喂鱼。为确保安全，最好在导游人员的陪同下游览，以免造成意外事故。
温馨提示	1. 请爱护酒店设施，谨防烟头及水果污渍损坏房内设施，如有不慎，则需旅游者赔偿。 2. 自助早餐的食物需在酒店内食用，一律不可外带。 3. 衣服洗涤后不可晾晒在灯罩、空调通风口等处，以免造成电机短路、故障等。

表 6－3　“神奇九寨、圣地黄龙”成都九寨黄龙双飞五日游（参考行程）

日程	行程	餐	住宿
D1 08.18	萧山国际机场国内出发（所有出港的国内、国际及地区航班旅游者办理登机手续的截止时间为航班起飞前 40 分钟），搭乘 CA1741（07:55/10:50）前往成都。驱车经都江堰、汶川、茂县（如遇暴雨或塌方造成 213 国道封闭，则经绵阳，赴江油，路程增加 80 ～ 100 千米），入住酒店休息。	中晚	茂县 或 江油
D2 08.19	早餐后，乘车前往“人间瑶池”【黄龙风景区】（行车约 4 小时，游览约 3 小时）。游览后乘车赴九寨沟，前往沟口入住酒店。晚上可自费参加走进藏族人家品尝藏式风味烤羊。	早中晚	九寨
D3 08.20	早餐后，游览【九寨沟风景区】。景观主要分布在树正、日则、则查洼沟，这三条沟略呈“丫”字形，从景区口羊峒到诺日朗是树正沟，从诺日朗到日则是日则沟，两条沟共长 30 千米，从诺日朗到东南的长海是则查洼沟，长约 18 千米。主干道由环保车代步，如需精细游览，需步行栈道，细细品味。（上午 8 点进入景区，下午 5、6 点游览完毕；三条沟游览顺序根据当日观光车调度安排调整）；晚可自费参加九寨沟藏羌风情晚会（自费 150 元 / 人）。	早中晚	九寨
D4 08.21	早餐后，乘车返回成都（450 千米、行车时间约 7.5 小时），途中参观藏羌工艺馆、大唐林卡水晶展销中心（免费品尝牦牛肉，每个购物点约 45 分钟），抵达成都后入住酒店休息。	早中晚	成都
D5 08.22	早餐后，可前往【锦里仿古一条街】：锦里以特色小摊的方式举行民间艺人的展演，还有风味独特的民间小吃集市（游览约 1.5 小时），适时前往机场，乘坐航班 CA1742（12:10/14:45）返回杭州，结束四川之行！	早	

接待说明：

1. 团队住宿按床位分房，如旅游者不愿意或拼房不成功，则单房差由旅游者自理。如旅游者不占床则按次退还房费，但需补足早餐费。

2. 出团时成人必须携带有效期内身份证原件，儿童必须携带户口本原件。

3. 报名确认后，如出现退团，按所签国内旅游合同规定处理。

4. 景点可能游览顺序互换但不会减少，由于航班变动及其他人力不可抗拒因素，造成时间延误及景点减少；我社负责退还因此造成的门票差额；景点门票为旅行社折扣价，如持优待证件（如老年证、军官证、教师证等）产生折扣退费的，按实际差额退还。

5. 如是旅游旺季，我社有权按照当地客观条件对行程做出相应变动，但标准不变，景点不少。

6. 请配合导游如实填写当地的意见单，不填或虚填者归来后投诉将无法受理。

7. 全国各地部分酒店为推行环保政策，部分将不再免费提供一次性洗漱用品，建议旅游者自备。

8. 老年旅游者预订提示：a.60 周岁以上的旅游者报名参加旅游时，请填写《健康证明》，说明年龄及身体健康状况，以及根据身体健康状况不宜参加某些特殊游程或者项目（如交通工具、饮食、特殊地域环境限制等），并提供家属的联系方式。b.70 周岁以上的旅游者请家属陪同参团。c. 因服务能力所限，不接受 80 周岁以上的旅游者出游报名，敬请谅解。

9. 未成年旅游者预订提示：a. 未满 18 周岁的旅游者请家属陪同参团。b. 不接受 18 周岁以下旅游者单独报名出游，敬请谅解。

10. 因九寨沟内酒店相关规定，入住当地酒店，须在酒店中使用正餐，若旅游者放弃不用则无法退还餐费。

11. 因为环保的原因，九寨沟酒店内不放一次性洗漱用品，请旅游者自备。

12. 如因当地天气原因不能游览黄龙风景区，则改游牟尼沟扎嘎瀑布景区（70 元 / 人），退还门票差价 130 元 / 人。

13. 特别提示：黄龙索道的开通给广大旅游者提供了快捷方便的游览方式，由于受到高原条件的制约，高血压、心脏病、冠心病以及体弱者根据自身情况如要参观黄龙，不宜乘坐黄龙索道，请选择步行上山，攀爬高度视自身健康状况而定。

14. 由于旺季车多旅游者多，司机行进途中因以上不可抗因素引起的迟到望旅游者谅解。风景区停车场通常离上车地较远，请旅游者耐心等待，必要时还需旅游者配合，步行 15 ～ 20 分钟前往停车场集合。望旅游者见谅及配合我社工作。

工作任务单 19-1　当客户与组团社签订旅游合同后，请作为组团社起草与四川成都某地接旅行社的接待计划。

工作任务单 19-2　在地接社与组团社签订接待计划后，起草给客户的出团通知单。

学习情境十五

当客户单位与贵公司签订旅游合同后，出发前有1名客户要求退团，请问贵公司如何处理？

工作任务 20

发生变更

学习过程

一、航空机票的“退、改、签”

旅行社的机票大多为团队折扣票，各大航空公司按照票价折扣收取退票费的政策具体标准并不相同，团队折扣票对于退票、改期、签转的比例都有票价越低收取比例越高的规律。

旅游者购票后因故不能成行，可办理退票。

更改又称改期，是指旅游者的行程不变，承运的航空公司不变的情况下的更改。

签转是指购买机票后，更改乘坐的航空公司。签转的两个航空公司之间必须有协议，同意两个航空公司的旅游者进行签转，反之是不可以签转的。

二、客人预订后退团，或找其他人代替，旅行社应如何操作

客人在预订后退团，销售按照旅游合同中的条款处理即可。对于计调人员而言，需要与供应商核算具体损失，对于机票来说，要注意若出票后退票损失比较大，客人找其他人代替游览，计调人员的操作是按照团队机票退票，再购买散客机票才能完成人员更换。

如10月10日有28人签订旅游合同，15日团队要出发。12日该团队机票已出，13日那天人数发生了变化，有三种情况：（1）增加5人。（2）减少2人。（3）人员更换3人。问：面对这样的情况，计调人员应该怎么做?

如果人数增加，团队机票已出，按照图6-2流程操作。如果减少2人，按照图6-3流程操作。如果是人员更换3人，则先按照图6-3流程操作，再按照图6-2流程操作。

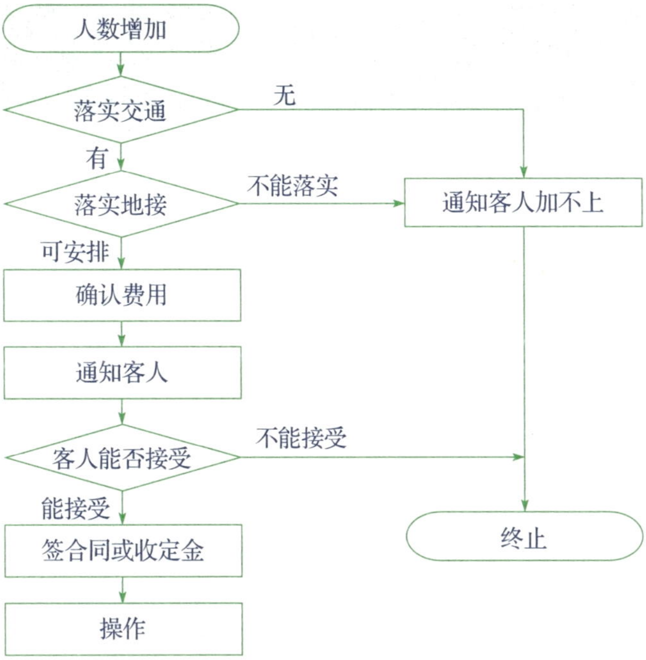

图 6－2　客人人数增加操作流程图

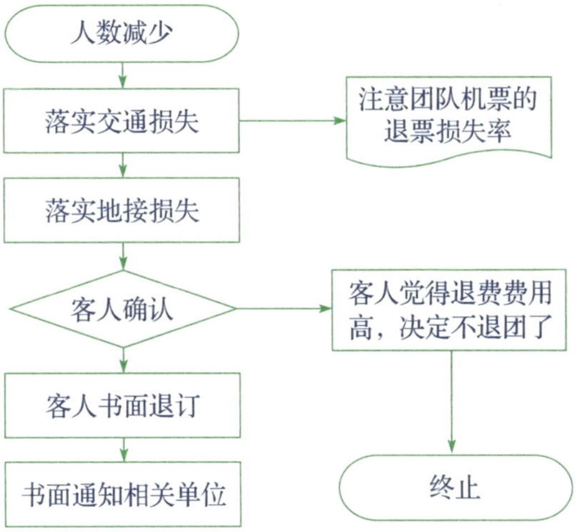

图 6－3　客人人数减少操作流程图

拓展资料

LB/T 004—2013
旅行社国内旅游
服务规范

工作任务单 20-1　当客户与贵公司签订了旅游合同后，出发前有 1 名客户要求退团，请问销售应如何处理？

工作任务单 20-2　该团六折购买往返杭州—成都经济舱机票，出票后客人要求退团，退票费损失为 30%，请计算退票的实际损失。

知识梳理

组团业务操作流程

下面以定制旅游产品的国内长线团队操作为例展示：

一、流程图

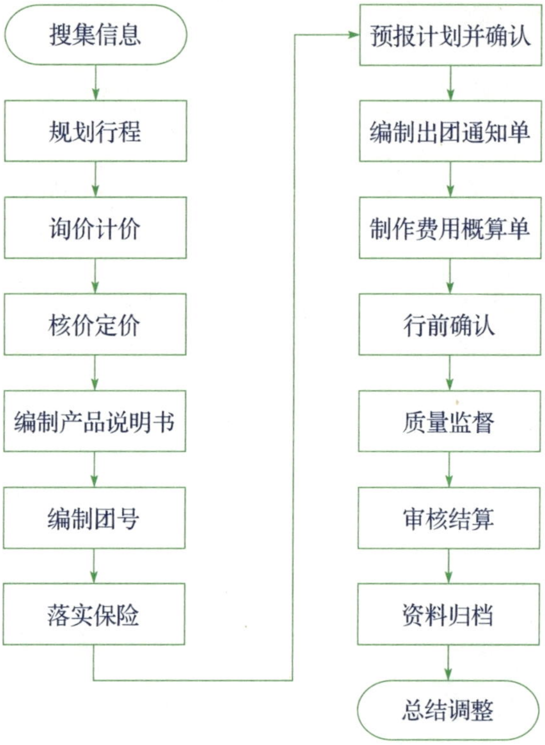

图 6－4　国内长线组团业务工作流程图

二、操作步骤

1. 搜集信息

组团计调应及时关注旅游市场变化、客源地市场竞争及旅游者需求、旅游目的地旅游资讯、服务供应商等信息。

2. 规划行程

（1）编排行程应明确游览天数、预计人数、出发时间、旅游资源点、住宿及交通标准等相关信息。

（2）应及时搜集交通信息，综合考虑团队的情况及出票率等因素，编排旅游行程，选配合适的大交通。

3. 询价计价

（1）向服务供应商进行询价，按照费用包含的项目分项计价。

（2）若该团有全陪导游，一定要注意全陪导游的费用，如机票、住宿、导游补助等项目，计价时注意勿遗漏全陪费用分摊。

4. 核价定价

（1）计价后须由第二人核价。

（2）核准后进行产品定价。

5. 编制产品说明书

（1）编制旅游产品说明书。

（2）组团社须与旅游者签订规范的旅游合同。如果有无法在旅游合同里体现的事宜，应签订补充协议。

6. 编制团号

根据公司规则编制团号，列入发团计划。

7. 落实保险

在旅游合同中，有提示旅游者购买人身意外伤害保险的条款，旅游者须填写同意或者不同意委托旅行社办理人身意外伤害保险。如果旅游者需要旅行社代为购买，应确保在旅游者出发前生效。

8. 预报计划并确认

（1）应在公司已经签订合作协议的服务供应商中选择合作单位。

（2）提前向确定合作的服务供应商预报接待计划，以保证其落实安排接待计划的时间。预报内容应包括预计人数、抵离日期、行程安排、食宿要求、交通工具的车次或航班、当地交通要求以及其他需要告知的事项。

（3）行程确认后应向服务供应商发送接待计划确认件，接待计划确认件上除了明确服务标准、内容外，应明确付款方式及期限，应在旅游者出发前双方签字盖章确认。

（4）接待计划确认件经双方盖章确认后如发生变更，应及时调整，发送变更件并书面确认。

9. 编制出团通知单

出团通知单作为合同补充协议，是旅游者出行的详细说明，须列明旅游产品说明书中尚未明确的要素。对于没有全陪导游的旅游团，应告知旅游目的地的具体接洽方法、组团社负责人的联系电话等。

10. 制作费用概算单

（1）按照与服务供应商签署的接待计划，起草团队费用概算单，核算团队大致利润。

（2）需要提前支付或导游携带现金的费用要提前通知财务。

（3）如有全陪，制作导游派团单，打印行程单。

11. 行前确认

在团队出发前 24 小时内，计调人员应对行程计划再次确认，以防出现疏忽和遗漏。

12. 质量监督

（1）应 24 小时监控旅游行程中的游览情况，监督服务供应商按照旅游计划完成接待任务。

（2）督促服务供应商及时处理旅游者的不满和投诉。

（3）团队旅游途中若行程内容服务标准与协议有变更的，须要求导游与旅游者签订变更协议。

（4）当旅游途中发生意外或遭遇不可抗力事件时，应及时上报，通知相关单位及部门。

13. 审核结算

（1）应在公司的规定时间内，审核导游（领队）带团结算单及相关票据，按照公司制度审核报账。

（2）须根据与服务供应商签订的接待计划逐项审核并确认实际发生款项。

（3）核算服务供应商费用明细提交财务部，按照协议日期及时付款。

（4）制作团队成本清单提交财务审核并存档。

14. 资料归档

（1）整理所有原始资料，按一团一卷归档，卷面注明团号和旅游时间。卷宗内应归集计价、报价、预订、确认接待计划及变更地往来确认函等完整的业务资料。

（2）原始资料应保存两年，业务数据保留三年，结算数据宜长期保存。可能发生投诉、诉讼纠纷的相关业务资料，视纠纷处理需要保存更长时间。

15. 总结调整

（1）应及时关注旅游者对旅行社产品的质量反馈情况，应根据反馈结果对旅行社产品进行分析和优化。

（2）建立旅游者针对服务供应商的投诉记录制度，并对投诉记录内容进行分析、统计。

（3）定期对服务供应商进行评估和调整，保持旅游服务质量持续改善。

思享园地

阅读以下文献，思考红色旅游产品如何更大化地满足游客需求，促进旅游产业升级，提高旅游经济效益。

［1］李帅，汪琳，朱创业．文旅融合视角下浙江省红色旅游线路设计［J］．绿色科技，2021，23（15）：197-199.

［2］王源远．基于深度体验的甘肃红色研学游产品开发研究［J］．社科纵横，2021，36（06）：75-80.

文旅融合视角下浙江省红色旅游线路设计

基于深度体验的甘肃红色研学游产品开发研究

07

学习模块七

出境业务操作

- 工作任务21　办理证照
- 工作任务22　出境业务落实操作

学习模块七

出境业务操作

学习目标

知识目标

1. 了解出境业务的操作
2. 了解儿童价格的构成

技能目标

1. 能起草报价单
2. 能针对当地的资源编排旅游行程
3. 可以操作地方接待业务

素养目标

1. 增强学生爱家乡、爱祖国的自信心、自豪感
2. 掌握旅游资源类型与开发模式，提炼红色旅游资源亮点，引导学生对中国的优秀传统文化和革命历史有深入的了解，增强学生的家国归属感和历史责任感

思维导图

出境业务操作

学习情境	工作任务	工作任务单
恭喜贵旅行社已经升级为出境社。请问我国公民赴香港、澳门、台湾、国外分别需要哪些证件，怎么办理？	办理证照	查询当地办理居住证、暂住证的相关信息 查询当地办理港澳通行证、签注、台湾通行证、入台证的信息 查询当地护照的办理方式及要求
公司做泰国专线批发商业务了。离春节还有两个月，作为泰国线计调的小王就要着手准备春节计划了，他应该如何工作呢？	出境业务落实操作	选择一家做出境批发商的旅行社，查询下个月的泰国线团期及相关报名要求 查询中国国际航空公司官网、春秋航空网、携程旅行网上同一天飞往泰国曼谷的成人机票信息，比较价格、包含项目、里程时间等信息 查询泰国廊曼机场、索万那普机场的三字代码，并查询两机场的间隔距离、交通时间 阅读LB/T 040—2015《旅行社行前说明服务规范》，总结召开说明会的主要内容

学习情境十六

恭喜贵旅行社已经升级为出境社。请问我国公民赴香港、澳门、台湾、国外分别需要哪些证件，怎么办理？

工作任务 21

办理证照

学习过程

一、出境旅游

出境旅游是指将组织的出境旅游团队输送到境外国家或地区，委托当地旅行社或其他服务供应商完成约定的旅游活动。

二、港澳地区通行证与签注

全称《内地居民申请往来港澳地区通行证》，是由中华人民共和国公安部出入境管理局签发给中国内地居民因私往来香港或澳门地区旅游、探亲、从事商务、培训、就业、留学等非公务活动的旅行证件。

港澳通行证签注是指印于港澳通行证上的，证明通行证持有人可合法前往香港或澳门的注释，规定了港澳通行证前往的地方（香港或者澳门）和次数、停留时间。

三、《大陆居民往来台湾通行证》与《中华民国台湾地区入出境许可证》

《大陆居民往来台湾通行证》，俗称赴台证、陆胞证或大陆证，为中华人民共和国公安部发给大陆地区居民前往中国台湾地区的旅行通行证件。

《中华民国台湾地区入出境许可证》，俗称“入台证”。入台证有单次证、逐次证、一年多次证、三年多次证之分。持有台湾地区护照的人士无须申请入台证，持有外国护照的人士除非使用免签证，否则应申请台湾签证。持有台湾地区的护照及其他外国护照或旅行证件不可申请入台证。

四、护照

护照是一个国家的公民出入本国国境和到国外旅行或居留时，由本国发给的一种证明该公民国籍和身份的合法证件。

五、签证

签证是准许持照人出入或通过本国国境的许可证明，是一国政府机关依照本国法律规定为申请出入或通过本国的外国人颁发的一种许可证明。

签证通常附载于申请人所持的护照或其他国际旅行证件上。在特殊情况下，凭有效护照或其他国际旅行证件可做在另纸上。随着科技的进步，有些国家已经开始签发电子签证和生物签证，大大增强了签证的防伪功能。

世界各国的签证一般分为入境签证和过境签证两个类别，有的国家还有出境签证。中国的签证分为入境签证和过境签证两个类别。

六、收取客户签证材料时的注意事项

旅游目的地各国或地区对于签证要求的材料是不一样的。除了护照、照片是必备的，有的要填写签证申请表、提供财产证明、在职证明等。护照要注意必须有 6 个月以上的有效期（有的要求是回国还有 6 个月有效期）、干净无破损、有空白签证页等。另外，护照的签发地如果不是苏浙沪皖地区的，在华东地区送签还需要提供居住证或暂住证原件。

七、旅行社如何给出境客户办理签证

报名出境线路的客人准备好签证材料后，交给旅行社送签，这样既能保证出签率，又省心。大多数旅行社收齐客户签证材料并检查后，会安排送签或委托相关机构送签。委托送签主要是因为使馆只会给部分少数大型国际旅行社权限可以直接送签，而且使馆会根据每年旅行社的业务量更改授予权限。

微课：日韩签证的办理

微课：申根签证的办理

拓展资料

表 7－1　法国签证材料要求

序号	名称	说明
1	护照（旧护照也要提供）	1）非新版芯片护照，最后页须亲笔签名。 2）护照有效期须在此次旅行结束回国后仍有 3 个月，须有 2 页空白签证页。
2	照片	1）尺寸为 35mm×45mm、2 寸、白色背景、免冠照片，每个签证 2 张。 2）须近半年内拍摄，请在背面用铅笔写好名字。 3）请勿佩戴粗框眼镜或有色眼镜。
3	欧洲出境旅游申请表	请务必认真填写此表，因为要帮助官方填写英文表格。

续表

序号	名称	说明
4	户口本	1）全本户口本复印件。 2）如夫妻不在同一户口本，则须提供2本。 3）无法提供户口本的，可提供所在派出所出具的户籍证明原件或常住人口登记表复印件。
5	身份证	双面复印件。
6	资金证明	1）对账单交易记录越多越好，可同时提供多张对账单。 2）养老金或其他固定收入证明。 3）提供近6个月的银行对账单。 4）对账单的余额不低于10 000元。
7	（在职人员）工作证明	1）工作证明信，负责人签字（中文）并盖公章，须用工作公司抬头的纸张。工作证明信内容包括： A：申请人姓名、护照号、职位、月薪、工作年限，具体的行程或准假日期。 B：工作公司的地址、电话。 C：注明提供此次旅行费用的出资方；担保申请人在旅行期间保证遵守当地法律；担保在此次旅行期间公司仍保留其职位并归国后留任。 D：签署人的姓名及职位。 2）在职证明均须用英文、电子版打印，如无法用英文书写，则提供公司空白抬头纸，有负责人签字并盖公章。 3）退休人员提供退休证明。 4）学生提供学生证及准假信。
8	（在职人员）营业执照或组织机构代码证	1）须在其复印件上盖公司红章。 2）有效期须晚于欧洲返回时间。
9	资产证明（辅助材料，帮助提高出签率）	1）房产证复印件。 2）车产证复印件。
10	结、离婚证	复印件（已婚/离婚人士提供）
11	未就业的成人	1）已婚的无业人员：提供配偶的在职证明和担保及对账单，以及结婚证复印件。 2）未婚的无业人员：提供其父母的在职证明及对账单。 3）自由职业：提供房产租借合同、股票交易记录单等可作为其收入来源的证明。
12	暂住证（在上海领区内居住外来人员适用）	须在半年前办理。

工作任务单 21-1　查询当地办理居住证、暂住证的相关信息，如样本、颁发部门、有效期等。

工作任务单 21-2 查询当地办理港澳通行证、签注、台湾通行证、入台证的信息。

工作任务单 21-3　查询当地护照的办理方式及要求，如准备资料、办理部门和地点、费用等信息。

学习情境十七

公司做泰国专线批发商业务了。离春节还有两个月，作为泰国线计调的小王就要着手准备春节计划了，他应该如何工作呢？

工作任务 22

出境业务落实操作

学习过程

一、出境计调平时需要注意搜集的信息

出境计调不仅要了解客源地旅游者的定位及需求，还要掌握目的地旅游资源、目的地国家（地区）入境旅游政策、签证材料要求、汇率变动、实时资讯等情况。

二、专线计调如何与境外代理商合作

（1）寻找代理商：可以通过同业拜访或当地观光局的引介，也可以通过专业期刊、网站等渠道找到合理且理想的境外代理商。

（2）询价：把行程内容传真给境外代理商报价，如果代理商为外籍公司，报价时要特别注意行程中的细节，因为英文用词的不当可能会造成报价的差异。

（3）比价：比较价格是一门相当重要的学问，也相当令人困扰，为了客观起见，通常希望能在相同标准中来做比较。因此往往要求代理商详细地列出所提供服务的酒店名单、用车公司、用餐内容、行程中包含门票的景点等细节，以期能找出一个物美价廉的代理商。

三、选择泰国地接社时要考虑的因素

泰国地接社应是在目的地国家 / 地区旅游部门指定或推荐的名单内、公司采购的、有合法资质的旅行社。如日本旅游业协会（JATA）启动的“地接旅游公司品质认证制度”，组建由律师和专家等第三方人士参加的事务局，在遵守法律法规、企业的社会责任（CSR）、旅游商品的品质管理以及访日旅游者支持体制等项目上进行审查，满足标准的旅游公司才会获得认证。泰国旅行社行业协会官方网站有公布指定接待中国旅游团队的旅行社名单。

四、机场代码

机场三字代码是由国际航空运输协会（International Air Transport Association，IATA）

规定、用于代表全世界大多数机场的代码。它由 3 个字母组成，最常出现在登机证及行李牌上。在正式航空刊物里，使用的是国际民航组织机场代码（ICAO Airport Code），是国际民航组织为世界上所有机场定的识别代码，由 4 个英文（大写）字母组成。

五、旅游包机

微课：旅游包机的流程

包机指根据公共航空运输企业与包机人所签订的包机合同而进行的点与点之间的不定期飞行，包括普通包机飞行、专机飞行、急救包机飞行、旅游包机飞行。民航包机的人均价格往往略低于同样人数单独订票的价格，价格的优势是大部分企业选择民航包机的主要原因之一。申请包机应凭单位介绍信或个人有效身份证件与承运人联系协商包机运输条件，双方同意后签订包机合同。包机人与承运人应当履行包机合同规定的各自承担的责任和义务。

六、专线计调在编排团期时的注意事项

专线计调需根据市场预测、服务供应商的资源掌控情况（特别注意机票）等信息，编排发团日期、最低成团人数、人数上限等。

七、出境机票价格的计算方法

旅游批发商拿的国际机票团队票一般都含税，要注意国际机票中儿童票的价格。至于在某些网站上购买的特价票，要注意票价是否含税。

微课：出境业务的操作流程

微课：出境机票的计算

八、客源地与旅游目的地有时差时，机票上飞机起飞与抵达时间的表示方法

出境旅游的目的地较为分散，出现时差在所难免，机票上显示的飞机的起飞时间与抵达时间均以当地时间为主。

九、办理泰国旅游签证的注意事项

签证是目的地政府机关依照本国法律规定，为申请出入或通过本国的外国人颁发的一种许可证明。各个国家对于中国旅游者以旅游为目的的签证材料、签证形式各不相同。以旅行社代为办理“贴纸签证”举例，需要准备有效期不少于 6 个月的护照、一张 2 寸白底免冠照，若有儿童随行，要出示相关证明（户口本、出生证明或结婚证复印件）。一般提前 10 个工作日申请。

十、旅游者出境旅游前召开说明会的内容

出境说明会由旅行社计调、领队或销售等召开，有的是提前召开，有的是在机场召开。主要内容是了解旅游目的地的信息，告知旅游者遵守旅游目的地相关法律、民俗，遵守我国旅游相关法律与规定，提醒旅游安全事项等。

拓展资料

GB/T 31386—2015 旅行社出境旅游服务规范

LB/T 040—2015 旅行社行前说明服务规范

中国公民出国旅游管理办法

工作任务单 22-1　选择一家做出境批发商的旅行社，查询下个月的泰国线团期及相关报名要求。

工作任务单 22-2　查询中国国际航空公司官网、春秋航空网、携程旅行网上同一天飞往泰国曼谷的成人机票信息，比较价格、包含项目、里程时间等信息。

工作任务单 22-3　查询泰国廊曼机场、索万那普机场的三字代码，并查询两机场的间隔距离、交通时间。

工作任务单 22-4　阅读 LB/T 040—2015《旅行社行前说明服务规范》，总结召开说明会的主要内容。

知识梳理

出境业务操作流程

下面以专线计调操作出境业务为例展示。

一、流程图

图 7-1　出境组团业务工作流程图

二、操作步骤

1. 搜集信息

（1）了解旅游者的定位及需求，搜集旅游资源点、服务供应商的信息。

（2）应关注我国出境旅游政策、安全提示、目的地国家（地区）入境旅游政策、汇率变动、旅游目的地实时资讯等情况。

（3）出境计调应根据旅游目的地国家或地区的签证要求、旅游者证件类型、出游目的等，明确以下事项：能否办理签证、能办理何种签证，签证办理的时间限制、签证材料的信息、申请程序等。

（4）计调应掌握签证材料的信息有：签发地点、护照（不同国籍、发照地、有效期、空白页数、干净度等）、照片（近照、大小、张数、背景、色彩等）、申请表格要求、工作天数、签证费用等。

2. 制定计划

根据公司的年度经营目标，制定出团计划并配备团号。从建档到资料归档均在团号下进行，便于管理和追踪。

3. 向航空及境外代理商提前订位

出境计调根据年度出团计划表，提前向航空公司、境外代理商进行订位。

（1）向航空公司提前订位。为了保证出团量和利润，旅行社获得航空公司的支持必不可少，航空公司考虑机位的销售量也愿意与旅行社合作，在旅游业季节性的前提下，保证供需关系是双方合作的基石。旅行社与航空公司双方进行相互评估后，达成一致并确认合作关系后，旅行社应在规定的时间内提出年度订位要求，并制定完整的订团表提交航空公司业务部。后续根据团队的人数等再做机位确认。

（2）与境外代理商提前订位。境外代理商提供在境外旅游的所有地面相关服务，在团队作业中占据相当重要的地位。旅行社考察境外代理商，经过询价、比价后，如有必要需亲自前往了解代理商现场所提供的服务品质，确认合作的境外代理商。

经过双方充分沟通，对委托事项、条件均了解后，提出年度订团并订立委托契约书，以完成法律程序。将相关团队的出发日期（即航空公司年度订位表副本）及团队行程明细（如住宿、餐饮、交通标准等）与境外代理商确认，并将订位情况归入公司发团计划中。

4. 规划行程

（1）应根据市场情况设计或选择预制旅行社产品。

（2）应明确游览天数、预计人数、出发时间、费用预算、住宿及交通标准等相关信息。

（3）应及时搜集交通信息，综合考虑团队的情况及出票率等因素，编排旅游行程，选配合适的大交通。

5. 制定价格

（1）按照费用包含的项目分项计价。出境游产品计价需注意境外结算币种和汇率，签证费、领队的分摊、说明会物料等费用。

（2）计价后须由第二人核价。

（3）根据市场情况给产品定价，并制定各渠道结算价格。

6. 编制旅游产品说明书

出境旅游产品说明书应明确旅游证件及签证材料的要求。

7. 编排团期

应根据市场预测、服务供应商的资源掌控情况（特别是机票）等因素，编排发团日期、最低成团人数、人数上限等。

8. 发售产品

联合公司相关部门，根据公司不同的销售渠道，制定相应的销售脚本及物资，将产品推送上架。

9. 检查证件

（1）与旅游者确认行程后，可先预报名，签署协议；

（2）应仔细检查旅游者的出境证件是否完好，有无破损、涂改等情况，检查证件的签发日期、到期日期、签发地等相关信息；

（3）应认真审核旅游者提供的签证材料是否符合旅游目的地和我国出入境管理的要求，材料齐全后及时安排送签；

（4）证件材料交接应做好记录并保存。

10. 预报发团计划

（1）应在已经签订合作协议的服务供应商中选择合作单位。

（2）应提前向确定合作的服务供应商预报接待计划，以保证其落实安排接待计划的时间。预报内容应包括：预计人数、抵离日期及口岸（出境的时间均以当地时间为准）、行程安排、食宿要求、交通工具的车次或航班、当地交通要求、其他需要告知的事项等。

11. 落实签证

出境计调应不间断跟踪查询签证结果，对已经出签的旅游者证件须及时核对信息。

12. 确认发团计划

（1）行程确认之后应向服务供应商发送接待计划确认件，应在旅游者出发前双方盖章确认。

（2）接待计划确认件双方盖章确认后如发生变更应及时调整，发送变更件并书面确认。

13. 编制出团通知单

出团通知单作为合同补充协议，是旅游者出行的详细说明，除了要列明旅游产品说明书中尚未明确的要素外，也要对旅游者的出境旅行做到提醒，如具体的航班、目的地流通货币、气候温度、电源类型等。

14. 制作费用概算单

（1）按照与服务供应商签署的接待计划起草团队费用概算单，核算团队大致利润。

（2）需要提前支付或领队携带现金的费用要提前通知财务。

15. 领队派团

（1）制作领队派团单，打印电子行程单。

（2）选择领队服务应符合 LB/T 005—2011《旅行社出境旅游服务规范》第 5.4 条的要求。

（3）出境计调在成团前须确认领队证件信息是否有效，确认后将领队及旅游者信息录入全国旅游团队服务管理系统。

（4）接待计划落实后，计调人员与领队做好物品交接与记录。交接记录有：派团单、旅游者名单表、分房表、旅游者特殊需求等，需要时还要交接旅游证件、出入境表、另纸签证等其他相关材料。

16. 行前说明会

行前说明会应使旅游者了解旅游目的地的信息，告知旅游者遵守旅游目的地的法律、民俗，遵守我国旅游相关法律与规定，提醒旅游安全事项等。行前说明会应符合 LB/T 040—2015《旅行社行前说明服务规范》的要求。

17. 行前确认

在团队出发前 24 小时内，计调人员应再次确认行程计划，以防出现疏忽和遗漏。

18. 监督协调

（1）应 24 小时监控旅游行程状况，监督服务供应商按照旅游计划完成接待任务。

（2）督促服务供应商及时处理旅游者的不满和投诉，协助领队处理各类突发事件。

（3）团队旅游途中若行程内容、服务标准与协议有变更，须要求领队与旅游者签订变更协议。

（4）当旅游途中发生意外或遭遇不可抗力时，应及时上报，通知相关单位及部门。

19. 审核结算

（1）应在公司规定的时间内，审核领队带团结算单及相关票据，按照公司制度审核报账。

（2）须根据与服务供应商签订的接待计划逐项审核并确认实际发生款项。

（3）核算服务供应商费用明细提交财务部，按照协议日期及时结算，回收账款。

（4）制作团队成本清单提交财务审核并存档。

20. 资料归档

（1）整理所有原始资料，应归集合同、预订、确认接待计划及变更往来确认函等完整的业务资料。按一团一卷归档，卷面注明团号和旅游时间。

（2）原始资料应保存两年，业务数据保留三年，结算数据宜长期保存。可能发生投诉、诉讼纠纷的相关业务资料，视纠纷处理需要保存更长时间。

21. 总结调整

（1）应及时关注旅游者对旅行社产品的质量反馈情况，应根据反馈结果对旅行社产品进行分析和优化。

（2）建立旅游者针对服务供应商的投诉记录制度并对投诉记录内容进行分析、统计。

（3）定期对服务供应商进行评估和调整，保持旅游服务质量持续改善。

思享园地

1. 阅读文献，思考出境旅游对旅游消费者世界观的作用。

郭功星，张攀，程豹．基于价值观视角的消费者出境旅游动因研究——消费者世界主义的作用［J］．旅游学刊，2021，36（09）：134-146.

2. 阅读文献，思考我国出入境旅游的发展趋势。

［1］宋芳秀．中国出入境旅游：特征、问题及对策［J］．国际贸易，2020（11）：77-84.

［2］陈立梅，黄卫东，陈晨．在线评论对出境旅游购买意愿的影响路径研究——基于精细加工可能性模型［J］．经济体制改革，2019（05）：104-112.

基于价值观视角的消费者出境旅游动因研究

中国出入境旅游：特征、问题及对策

在线评论对出境旅游购买意愿的影响路径研究：基于精细加工可能性模型

附 录

旅游相关行业基础知识

单元一 中国公民旅游相关证件

单元二 签证

单元三 境外人员入中国国境旅游相关证件常识

单元四 汽车业基础常识

单元五 铁路业基础常识

单元六 航空业基础常识

单元七 游轮和邮轮基础常识

单元八 住宿业基础常识

单元九 旅游景区基础常识

单元十 金融业基础常识

参考文献

［1］王宁等．长江三峡库区内河游轮经济发展战略研究［M］．成都：西南交通大学出版社，2010．

［2］吕江泉．邮轮旅游实务［M］．台北：新学林出版社股份有限公司，2015．

［3］黄韶颜，倪维亚，徐韵淑．民宿经营与管理［M］．台北：五南图书出版股份有限公司，2013．

［4］余晓玲，张惠文，杨明青．旅游规划与设计［M］．台北：新文京开发出版股份有限公司，2011．

［5］陈瑞伦．游程规划与成本分析［M］．台北：杨智文化事业股份有限公司，2011．

［6］潘任荣．旅游行程规划［M］．台北：前程文化事业有限公司，2011．

［7］陈乾康，阙敏．旅行社计调与外联业务［M］．北京：中国人民大学出版社，2016．

［8］韩玉灵．旅游法教程［M］．北京：高等教育出版社，2010．

［9］张道顺．旅行社产品设计与操作手册［M］．北京：旅游教育出版社，2012．

图书在版编目（CIP）数据

旅行社操作实务 / 边喜英编著. -- 北京：中国人民大学出版社，2022.7

新编 21 世纪高等职业教育精品教材. 旅游大类

ISBN 978-7-300-30780-0

Ⅰ. ①旅… Ⅱ. ①边… Ⅲ. ①旅行社－企业经营管理－高等职业教育－教材 Ⅳ. ① F590.63

中国版本图书馆 CIP 数据核字（2022）第 108979 号

浙江省高职院校“十四五”重点立项建设教材

中国特色高水平高职专业群（导游）建设成果

新编 21 世纪高等职业教育精品教材 · 旅游大类

旅行社操作实务

边喜英　编著

Lüxingshe Caozuo Shiwu

出版发行	中国人民大学出版社		
社　　址	北京中关村大街 31 号	**邮政编码**	100080
电　　话	010－62511242（总编室）		010－62511770（质管部）
	010－82501766（邮购部）		010－62514148（门市部）
	010－62515195（发行公司）		010－62515275（盗版举报）
网　　址	http://www.crup.com.cn		
经　　销	新华书店		
印　　刷	中煤（北京）印务有限公司		
开　　本	787 mm × 1092 mm　1/16	**版　　次**	2022 年 7 月第 1 版
印　　张	11.75	**印　　次**	2025 年 1 月第 2 次印刷
字　　数	261 000	**定　　价**	43.00 元